九养上城

全域共建共享的生长型社区教育

“上城教育高质量发展系列丛书”编委会
编 著

上海交通大学出版社
SHANGHAI JIAO TONG UNIVERSITY PRESS

图书在版编目 (CIP) 数据

九养上城：全域共建共享的生长型社区教育 / “上城教育高质量发展系列丛书”编委会编著 .—上海：上海交通大学出版社，2023. 5
ISBN 978-7-313-28468-6

Ⅰ . ①九… Ⅱ . ①上… Ⅲ . ①社区教育—研究—杭州 Ⅳ . ① G779. 2

中国国家版本馆 CIP 数据核字（2023）第 064359 号

九养上城：全域共建共享的生长型社区教育
JIUYANG SHANGCHENG: QUANYU GONGJIAN GONGXIANG DE SHENGZHANGXING SHEQU JIAOYU

编　　著：“上城教育高质量发展系列丛书”编委会
出版发行：上海交通大学出版社　　地　　址：上海市番禺路 951 号
邮政编码：200030　　电　　话：021- 64071208
印　　刷：杭州捷派印务有限公司　　经　　销：全国新华书店
开　　本：710mm×1000mm　1/16　　印　　张：16. 25
字　　数：239 千字
版　　次：2023 年 5 月第 1 版　　印　　次：2023 年 5 月第 1 次印刷
书　　号：ISBN 978-7-313-28468-6
定　　价：78. 00 元

本册编委会

总　序

⦿

2022 年 10 月，中国共产党第二十次全国代表大会胜利召开。党的二十大报告指出：从现在起，中国共产党的中心任务就是团结带领全国各族人民全面建成社会主义现代化强国、实现第二个百年奋斗目标，以中国式现代化全面推进中华民族伟大复兴。高质量发展是全面建设社会主义现代化国家的首要任务，而教育又是全面建设社会主义现代化国家的基础性、战略性支撑之一。

建设高质量教育体系，要以改革教育教学为动力。教育工作者要转变教育观念，遵循青少年儿童发展规律，践行“顺性教育”理念；要改革培养人才模式，改善教育方式方法，改进教育评价制度，落实“双减”要求，推进素质教育；要科学地运用信息技术，促进教育数字化，把现代技术与优秀教育传统相结合，促进教育现代化。

杭州市上城区作为长三角主要城市的中心城区，历史悠久，底蕴深厚，在探索教育高质量发展的实践方面起步较早，形成了很多具有区域特色的发展经验。这些年来，我多次到过上城，访问参观多所学校，与上城的教育行政干部和学校教师有所接触，并目睹了上城教育发生的变化，我认为以下几个方面值得关注：

一是以创新发展推动教育改革。“惟改革者进，惟创新者强。”一直以来，上城都肩负着为教育改革探路先行的历史使命，在理念、机制、服务创新方面作出了有益的尝试。在数字化时代的背景下，上城全面推进教育领域的数字化改革，构建了数字化、空间化、智能化、一体化的数智治理格局。此外，上城重视家庭教育，在全国首创“星级家长执照”，开创家长“持证上岗”的先河，为家校协同育人探索了新的路径。

二是以协调发展促进优质均衡。教育高质量是实现全学段、全领域、全系统的优质均衡，是在政府、学校、社会等主体之间建立良性互动。上城加大统筹力度，开发上线“淘活动”平台，有效整合各类校内外活动资源，打造“九养上城”课程体系，让城市居民乐享终身学习，让各级各类教育的价值与功能实现最大化和最优化。

三是以绿色发展提升育人品质。教育的高质量是在“质”与“量”方面都达到高水准，关注的是人的可持续发展。上城坚持以学生为本，尊重学生的身心发展规律。一方面，深入推进面向学生、教师、学校的教育评价改革，树立科学的教育质量观和人才培养观。另一方面，将课堂作为立德树人的主渠道，启动“思维课堂”研究，实现课堂从“知识立意”“能力立意”到“素养立意”，以思维发展促进学生核心素养落地。

四是以开放发展实现要素整合。高质量的教育体系是开放的，包括系统内部各类资源的开放，也包括系统外部各种要素的开放。上城坚持开放的教育理念，着力打破校园围墙与学科壁垒，探索建设区域学习中心，以“走班—走校—走社会”的新型学习机制，促进学生个性化发展。坚持以德化人，打造特色德育品牌“行走德育”，让学生走出校园、走入社会，以“行走”的方式践行社会主义核心价值观。

五是以共享发展助力教育公平。共同富裕是新时代的命题，教育均衡发展是共同富裕的基础，也是共同富裕的重要体现。上城在共同富裕的背景下，创新名校集群的发展范式，打造教育“新共同体”十大模式，强化师资队伍建设，以“五阶段、五梯队、多维度”的“教育人才多维生长台”助力教师专业发展，促进优质教育资源为群众所共享，以教育公平促进社会公平正义。

上城教育的发展，充分体现其对教育高质量发展的解读、思考与实践，展现了上城胸怀“国之大者”的视野与格局。上城教育编写出版的“上城教育高质量发展系列丛书”，全面梳理并总结了其教育改革发展的成果，涵盖名校集群建设、教育数字化改革、课堂教学改革、教育评价改革、教师培养、学校德育、家庭教育等方方面面，内容丰富、站位高远、系统性强，既有科学的教育理论，又有典型的经验案例，体现了理论与实践的统一、科学与趣味的统一。

“上城教育高质量发展系列丛书”汇集了上城教育育人实践的精华，凝聚了很多有价值的发展经验，为各地的教育改革发展提供了参考和借鉴的对象，有助于建设高质量的教育体系。相信更多的教育人能够从书中得到启迪，进一步锐意改革、积极创新，有力推动教育高质量发展。祝贺本套丛书的出版问世！

是为序。

北京师范大学资深教授
中国教育学会名誉会长
2022年11月28日

序

⊙

杭州上城，拥江揽湖，大气磅礴、诗情画意与务实笃行有机融为一体。

杭州上城，承载了这座城市自吴越以来的大部分历史记忆，探寻着“一轴双核五星”的建设发展之路。

杭州上城，自古就是教育发达、学风鼎盛之地，文脉绵延，人才辈出。

9 月 28 日是我国古代伟大的思想家、教育家孔子的诞辰纪念日，地处上城的孔庙格外庄严肃穆。上城学子诵读着“学而时习之，不亦说乎……”，对《论语》中的这一名句作出了生动的诠释。

青砖灰瓦的上城区社区学院不时散发出书香、茶香、翰墨香，教室里不时传来歌声、乐器声、诵读声。这里是 0—100 岁上城市民的学习“圣地”，人们每天欢喜而来，尽兴而归，学有所得，学有所乐。

街道社区，寻常巷陌。一处处隐于市井的学习基地，一位位藏于民间的草根达人，汇聚起一次次喜闻乐见的学习活动，凝聚成一个个守望相助的学习型社团。

1965 年，联合国教科文组织首次提出“终身教育”理念，指出教育既要向学校前的家庭延伸，也要向学校后的社会、社区延伸；教育要伴随生命的整个过程。自那时起，终身教育在世界各国兴起。二十世纪 90 年代，联合国教科文组织又提出了“全民教育”概念，指出教育应该是全社会每一个人应该享受到的权利。自此，从学校教育到社区教育的教育体系逐步完善。

在终身教育和全民教育理念引导下的杭州市上城区市民，将“学习，让生活更美好”作为自己的学习观和生活理念。民呼所学，我应所教，上城社区教育人在时代的召唤下积极地承担起自己的职责与使命。

习近平总书记在党的二十大报告中提出，“建设全民终身学习的学习型社会、学习型大国”。社区教育作为终身教育体系中重要的组成部分，是学习型社会、学习型城市不可或缺的重要支撑。

一代又一代上城社区教育人，经过 20 余年坚持不懈的努力，在社区教育机制建设、设施建设、平台建设和资源建设等各方面取得了诸多成绩，上城社区教育被誉为“全国领先、全省领跑”，为每一位上城市民提供了家门口的优质终身学习机会，抒写了社区教育的“上城范本”。

这些实践与探索，被概括为“九养上城”。

“九养上城”原是上城特色化的终身教育区本课程体系。后来，其内涵中的地域特色概念和区域发展目标，逐步延伸并融入上城社区教育的方方面面，推进了上城社区教育的特色化、持续性发展，成为了全域共建共享的生长型社区教育的上城经验。

本书以“九养上城”为题，是上城社区教育人对“九养上城”的阶段性总结。本书共八个章节——第 1—2 章阐释了“九养上城”的含义，展现了“九养上城”内涵下上城社区教育的规划和发展历程，是上城社区教育的理念与机理。第 3—6 章凸显了“九养上城”引领下的上城终身教育全纳服务实践，生动而立体地展现了挖掘区域传承特色，整合多方资源，共建共享、惠及全域全龄的上城智慧化终身教育体系。第 7—8 章则面向未来，是上城社区教育人深融时代，挖掘终身教育特色力量，畅想面向未来教育的“九养”衍进。

全书以“九养上城”为落脚点，理论结合实例，呈现了上城社区教育的发展理念、工作模式和创新品牌，在展示生长型社区教育实践成果的同时，刻画出上城建立全民终身教育体系、实现社区教育根本性变革的一个个坚实脚步。

上城社区教育的“九养”，体现了教育对人生幸福的关注，也体现了教育诉求的最高境界。从人生幸福的视角看，人的日常生活幸福、人在职场的幸福，都是社区教育需要关注的方面。而作为人生幸福最高境界的精神幸福，是跟人的休闲生活连在一起的。从某种意义上说，人精神的幸福来自能够积极地休闲。亚里士多德曾经说过：休闲才是一切事物应该环绕的中心。在马克思看来，休闲是娱乐休息的余暇时间，是人智力的发展，是人对自己精神自由的充分的把握。上城社区教育通过提供丰富多样的课程和活动，不仅培育了区域内市民积极休闲的生活态度，也为他们的创造性休闲生活创造了良好的条件。

本书是上城社区教育工作的反思与总结，书中提取出的具有上城特色的社区教育理论与实践，可供社区教育实践者、研究者与关注者共同探讨。希望本书可以为广大社区教育同仁提供可借鉴的经验。

积千年底蕴，融现代风华，集“九”久之力，“养”全域全民。九养上城，是上城社区教育人对习近平总书记提出的“学习型社会、学习型大国”建设目标的高分回应。

上城社区教育致力于全民终身发展，正努力建构“无缝隙、无死角、无边界、无止境”的教育。道阻且长，行则将至，上城社区教育人持续奋进，终将绘就区域全民教育辉煌灿烂的明天！

浙江省教育学会副会长

银湖书院院长

2023年1月30日

目录

CONTENTS

第一章　深入规划，上城社教的历史基底与理念创新

002　第一节　拥江揽湖　宜学上城
008　第二节　九养九养　久久善养

第二章　深化发展，九养机制的常规落地与不断革新

018　第一节　民呼所学　我应所教
027　第二节　以人为本　智慧社教

第三章　深挖资源，服务全域居民的社教托举作为

038　第一节　“学习之星”炼成记
046　第二节　社教好师资培养录
057　第三节　“终身学习电子地图”导航升级
066　第四节　学习共同体促进生命成长

第四章　深情传承，点亮全域特色的社教文脉之光

080　第一节　小营红巷传红韵
086　第二节　丁兰皋亭习孝礼
095　第三节　“你好·南宋”品宋韵
102　第四节　指尖非遗传国脉

第五章　深度整合，立足共建共享的社教协作典型

110 第一节　科普大学　融通聚力
119 第二节　公民警校　跨界融合
132 第三节　“匠心课堂 +”多元联动
143 第四节　乐龄学堂　幸福共享

第六章　深耕数智，惠及全域全龄的智慧教育架构

156 第一节　“微学通”的迭代　从 1.0 到 3.0
171 第二节　星级家长执照　与孩子共成长
182 第三节　智慧助老　“颐年 e 养”

第七章　深融时代，助推社会发展的社教特色力量

200 第一节　与时俱进　社区教育资源供给变革
209 第二节　跨入未来　未来社教场景探索

第八章　深研创新，面向未来教育的社教生命衍进

224 第一节　“e 贝礼库”学习成果转化
233 第二节　学分互认　推动学习新常态

245 **后　记**

第一章
深入规划，上城社教的历史基底与理念创新

上城，自古文风兴盛，域内文化遗迹荟萃，一代代上城人留下了丰厚的历史文化遗产。

进入新时代，站在“百年未有之大变局”的关口，立于“独具韵味的国际化现代化共同富裕典范城区”的建设前沿，上城人如何丰盈自我、担当大任？如何古为今用、传承历史？如何在传承中成己、在成己中成人？

“九养上城”就是答卷。通过“九养上城”，社区教育担负起了引领人们参与终身学习，直面时代课题，不断提升自我，追求精神共富的职责。

第一节
拥江揽湖　宜学上城

⊙

一个区域的文化土壤、历史沿革、生活氛围、城市气质等一直影响着这一区域的文化和教育。在探究城区的历史基底中我们发现，杭州市上城区的文化教育基因早已在山河湖海的变迁之中写就。这些先天形成的基因及后天不断的演变，决定着上城社区教育（简称“上城社教”）的脉络走向。

理解这些，有助于我们站在历史与现实之上，探寻上城社教的未来。

一、从良渚到西湖：水脉更替，基因传承

良渚文化分布的中心地区在钱塘江流域和太湖流域，而良渚遗址最密集的地区则在钱塘江流域的东北部及东部。良渚所出土的玉器是这一文化遗址最大的特色。这些玉器，无论是数量、品种、还是雕琢度上，均达到史前玉器的高峰。玉器上的纹饰主题神人兽面纹，是良渚先民“天人合一”信仰的体现，这逐步成为中国传统文化的核心。玉器和陶器上的刻画符号，在形体上已接近

商周时期的文字，这是良渚文化进入文明时代的重要标志。良渚的手工业也有很高的成就，其玉石制作、制陶、木作、竹器编织、丝麻纺织都达到了较高的水平。

良渚遗址是人类早期文化遗址之一，实证中华五千年的新石器时代人类文化史。2019 年 7 月 6 日，中国良渚遗址获准列入世界遗产名录，这标志着中华五千年新石器时代文化史得到了国际社会的认可。

西湖与杭州，相恋相依，互相成全。从人类逐水而居的特性来说，西湖孕育了一方城池；从山水的人文特性来说，因为杭州，西湖更增添了灵气和韵味。

杭州人民对西湖的感情毋庸置疑。千百年来，一直有着玉龙和金凤的传说——玉龙和金凤精心打磨的宝珠落到了人间，变成西湖，而恋恋不舍的玉龙和金凤，化身为玉皇山和凤凰山，永远守护着西湖。西湖的名称始于唐朝。汉时称武林水、明圣湖；后被称为龙川、钱源、钱塘湖、上湖、西湖等。到了北宋，苏东坡在任杭州通判时，写下《饮湖上初晴后雨》赞美西湖：“欲把西湖比西子，淡妆浓抹总相宜。”于是，西湖又多了个“西子湖”的美称。

如果说，良渚文化是杭州璀璨的前言，那么西湖开启的是杭州诗意的时代。而经过先民奋斗和文化滋养的良渚和西湖，也成为杭州文脉的源流，并且继续滋养着这片土地。

二、从西湖到钱塘江：区域整合，揽湖拥江

秦始皇二十五年设会稽郡，隋开皇九年废钱塘郡，改设杭州，“杭州”名称由此而来。两宋时期，历朝统治者奉行的“重农抑商”政策被打破，“农商并重”国策逐渐确立，社会各阶层纷纷从事商业经营，商品经济呈现出划时代的发展变化。杭州迎来了一个鼎盛时期。

经济繁荣的同时，科技文化的发展也达到了高峰。南宋造纸术极为发达，印刷术、指南针与火药这三大发明也都有进一步的发展和完善，并开始了更大规模的实际应用。在数学领域，秦九韶完成著作《数书九章》，杨辉编写了《详

解九章算法》。农业上，南宋《农书》《昆虫草木略》等书籍都是重要的农学和动植物学著作。南宋是中国古代文学艺术的鼎盛时期，士大夫阶层的蓬勃发展和市民阶层的崛起，使得文学艺术展现出雅致与世俗的双重审美情趣，这在诗画创作方面尤为突出。而所有这些，都是上城的亲历。

上城是杭州城市的发祥地，是杭州古老的城区之一。自隋唐以来，这里就是杭州的政治中心，也是"珍异所聚""商贾云集"的城市经济文化中心和社会生活繁华之地。从地理位置上看，上城东南面濒临钱塘江，中南部夹枕凤凰山和吴山，西面紧贴西湖，中部的东河和中河纵贯全区境内。这种得天独厚的条件，使得上城一边是自然馈赠的灵秀山水，一边是历史名都的尘世繁华，占尽天时地利，尽享文脉滋养。

随着时代的发展，上城区划几经变化。2021 年 4 月 9 日，浙江省人民政府发布《关于调整杭州市部分行政区划的通知》，以原上城区、江干区的行政区域（不含下沙街道、白杨街道）为新的上城区的行政区域，上城区人民政府驻望江街道望潮路 77 号。截至 2023 年 1 月 30 日，新的上城区面积 122km^2，常住人口 132 万。下辖 14 个街道——湖滨街道、清波街道、小营街道、望江街道、南星街道、紫阳街道、闸弄口街道、凯旋街道、采荷街道、四季青街道、笕桥街道、彭埠街道、九堡街道、丁兰街道。新上城的区域图酷似一只"金靴"，长长的江岸线好似靴底，让新上城向未来的每一步，都走得更扎实。

如果说远古的良渚文化以其原始但醇厚的技艺和文化思维影响了杭州这座城市的行为方式和性格特征，为杭州写下文化基因，那么钱塘江则代表着新时期的杭州进一步面向未来，探索无限可能。

上城，拥江揽湖，承载过去的辉煌，开启美好的未来。

三、走向新征程：根植城市精神，探究文化基底

每座城市都有其独特的气质和人文精神。杭州市委党校教授沈小勇在《杭州城市人文精神的多维文化基因》一文中写道"杭州城市人文精神具有多维

的文化基因，成为杭州城市形象塑造的精神要素所在，共同支撑着‘精致和谐、大气开放’的城市精神”。沈小勇教授总结出杭州的七大精神：“保境安民、和谐发展”的精神，“仁爱民本、道义担当”的精神，“忠诚爱国、追求信仰”的精神，“崇尚科学、变革创新”的精神，“义利并行、诚信敬业”的精神，“求真务实、经世致用”的精神，“诗意生活、追求审美”的精神。这七种精神贯穿着杭州人的日常，贯穿着杭州人身边的自然山水、人文景观、街巷里弄。

上城区拥有各级文物保护单位和文化保护点 103 处，历史建筑 162 处，历史文化街区 9 处，历史地段 7 处，是杭州历史遗迹最为丰富和集中的城区之一。上城怀着对文化独有的敬畏，精心呵护历史的丰厚遗存，精心制定每一个保护规划，精雕细琢每一处历史细节，最大限度地还原了历史风貌。玉皇山南从破旧的铁路货场变成了山明水秀、资本汇聚的基金小镇；五柳巷植入国医元素，成为独具特色的历史文化街区；思鑫坊一改房屋破旧、环境无序的旧貌，在改善民生的同时，更是恢复了民国石库门风采；南宋皇城大遗址、昔日“四大名寺”海潮寺等一批历史建筑将恢复重建；罐头厂、肉联厂等工业遗存得到保护延续；劝业里、元复里、南落马营等一批时尚文化街区也将在改造中焕然新生。

习近平总书记指出：“中华优秀传统文化是中华民族的精神命脉，是涵养社会主义核心价值观的重要源泉，也是我们在世界文化激荡中站稳脚跟的坚实根基。”上城正进一步深入挖掘传承“南宋古都”历史文化资源，传播宋韵文化，讲好上城故事。

四、身边新故事：有学宜学上城，孕育文化气质

上城的资源主要是两大类：自然资源和人文资源。自然资源是得天独厚的。这些自然风光经过历史的洗礼，在持续的建设中焕发着新的生机，成为居民们休闲、锻炼、学习的场所。而人文景观更是星罗棋布，分散在各个角落，它们与自然景观融为一体，渗透于居民生活中。

截至 2022 年底，上城区共有各级非物质文化遗产代表性项目名录 199 项，其中进入联合国教科文组织人类非物质文化遗产代表作名录 1 项、国家级非物质文化遗产代表性项目名录 5 项、省级非物质文化遗产代表性项目名录 25 项、市级非物质文化遗产代表性项目名录 57 项、区级非物质文化遗产代表性项目名录 112 项。这些非物质文化遗产散发着文化的魅力，是居民游学研学的好地方。

在推进文化强区的背景下，近年来上城区深度挖掘和传承宋韵文化、红色文化、钱塘江文化，打造了南宋文化节、钱塘江文化节等品牌，德寿宫遗址博物馆、杭州海塘遗址博物馆、非遗展示馆建成开放，钱学森故居修缮完成，让上城区的历史文化资源得到调整、优化、迭代，不断焕发着新时代的生机和活力。这些资源是鲜活的、生机旺盛的，但也是散落的。上城将这些资源整合起来，形成一张可以让居民按图索骥的学习地图。经过细致的梳理、走访、调查、研究、制作，目前已经建立了 400 多个学习点，遍布整个上城区域，这些学习资源还在持续添加中。

如今，上城精心打造的文化走读地图已上线，哪些地方可以游览，一查便知。在星级家长执照平台上，通过成立历史文化资源采集联盟，形成区域宋韵文化资源清单，研发文化体验线路，开设家庭研学“人文行走”子平台……以线上线下联动的形式，实施“走读 + 体验”双轨制学习。

在广泛了解和考察的基础上，上城还甄选了优秀的学习资源，经过申报、考察等环节，打造了一批有特色、有影响力和服务能力的“市民终身学习体验基地”，已认定区域内 48 家单位为上城区市民终身学习体验基地。上城社区教育为这些基地送资源、送服务、送指导，让基地真正好用、实用，成为居民家门口的优质学习点，并搭建起互动式、体验式的终身学习平台，满足市民个性化的学习需求。

除此之外，还有政府大力推广的书香文化、各部门联动打造的社区教育资源网络、居民自发组织的学习共同体……自上而下的引导和居民自发的学习交融错落，形成了上城共同追求精神富裕的浓厚氛围和繁荣景象。“有学、易学、乐学、优学、享学”，不是一句口号，而是上城居民的日常。

链接 1-1-1
活力尚城

在上城，学习与生活融为一体。拥江揽湖，乐享诗意生活，引燃创新激情。宜学上城，延承历史文脉，引领生活变革。让我们随着镜头，去看看上城居民的学习新乐章（见链接 1-1-1）。

学习，让上城居民的生活更加美好！

第二节 九养九养　久久善养

⊙

社区教育是提升城市软实力的第一助推力——杭州市上城区于 2008 年就提出了这一概念。多年来，在上城社区教育人的共同努力下，“九养上城”地域特色概念和特色课程体系逐步形成，已融入上城社区教育的方方面面，推进了上城社区教育的特色化、持续性发展。

上城先后获评全国社区教育示范区、全国数字化学习先行区，在浙江省第一批学习型城市评比中总分高居第一。2021 年 12 月，浙江省县级学习型城市发展与评价指数报告首次发布，上城区再次赢得了第一名的好成绩。

上城社教，正处于“一流社教、引领发展”的阶段。

一、“九养”是什么

“九养”着意于认知联想，蕴含多重意义。

1. 为什么是“九”

其一，取吉祥之意。“九”与“久”谐音，“九养”即“久养”，代表长久滋养，指社区教育不能一蹴而就，终身学习也不是朝夕之为，要有水滴石穿、久久为功的决心和毅力。

其二，取极数之意。“9”在个位数中是最大的正整数，包含尽最大之力的意义。这里意指社区教育人应倾尽全力，盘活各种资源，打通各种路径，为市民提供终身学习支持的愿望；亦指市民主动并全力投身终身学习，提升个人综合素养，丰盈自我意识。

其三，取“九九归一”之意。在古人眼中，“九九归一”是自然界的循环往复，周而复始。这里意指市民的学习需求是社区教育和社会发展的起点与终点。九养上城，九九归一，归于市民的美好生活，归于社会的高质量发展，归于共同富裕的实现，归于民族的复兴和国家的富强。

其四，取幸福之意。《易经》之中，“九”是阳数，农历九月初九为重阳节，有福寿安康之意，这是中国老百姓（特别是老年人）对幸福生活的终极追求。“九养”的“九”，给市民提供积极的心理暗示，促进其以主动的姿态投入学习，让学习成为生活方式，并在学习中保养身心，抵达幸福彼岸。

2. 为什么是“养”

孟子说：“苟得其养，无物不长；苟失其养，无物不消。”就社区教育来讲，这个“养”字寓意丰厚，承载着社区教育的众多意象。

“养”体现生态理念。“养”包含着对万物可持续发展的期盼。社区教育是在社区环境中开展的终身教育，而终身教育者应该永远保持开放的姿态。任何人，随时随地，对万事万物，都可以开展终身学习。有形或者无形，显性或者隐性，主动或者被动，只要开始，就有成长的可能。这是一种“万人万物可养”的生态理念。

“养”强调积累过程。信息化时代的特点是资源丰富且传播速度极快，但信息来源的可靠性、信息内容的科学性等却难以保证。从长远来讲，这种凡事求快、不注重“营养”的“快餐文化”和集体无意识，对个人发展、社会风气都贻害深远。“九养上城”强调“养”，强调自我消化的历练与沉淀的过程，是对“快餐文化”的反思，期望可以重构区域市民终身学习健康的集体意识和良好风气。

“养”主张主动追求。文化兴则国运兴，文化强则民族强。没有高度的文化自信，没有文化的繁荣兴盛，就没有中华民族的伟大复兴。积极主动的追求，将个人与他人、个人与社会紧密联系在一起，以及积极入世、治世的理念，极大契合了新时代发展的要求。社区教育工作者主动构建、精心谋划、全力推动、积极作为，融入社会治理，促进社会发展。市民主动投入终身学习，不断提升个人综合素养，更好发挥自我价值，成就自我，成全他人。

二、“九养上城”是什么

上城社教成果斐然，“九养上城”功不可没。

1.“九养上城”是信息化时代支持上城人实现终身学习的方案

终身学习帮助个人适应环境、融入社会，促进可持续和包容性的经济增长，也为提升个人幸福生活提供可能性。因此，为区域居民提供一套以居民需求为导向的、数字赋能的终身学习支持方案是必要而迫切的。

从这个角度讲，“九养上城”就是上城人信息化时代乘风破浪的“装备库”。

2.“九养上城”是引领上城市民主动提升综合素养的理念

未来社会，就个体来讲，既要有体现创新能力和合作精神的“聪明的脑”与“温暖的心”，又要拥有职业能力，即“灵巧的手”。“九养上城”理念旨在促进个人生命的从容与和谐，进而优化区域的整体风貌。

从这个角度看，“九养上城”就是个人素养提升的“加速器”。

3.“九养上城”是形塑区域市民精神家园的文化品牌

“九养上城”意在最大程度地盘活区内各种教育资源，提供各种教育机会，引领市民自觉崇尚“最美”、追求“至善”，成为形塑市民精神家园的文化品牌，为市民精神增长提供外推力和带动力。

从这个角度看，“九养上城”是“文化名片”。

4.“九养上城”是基于内涵发展的区本课程体系

迈向内涵发展的社区教育，课程是关键环节，也是新媒体时代“内容为王”传播理念的要求。近些年，经过上城社教人的理论研究和课程实践，社区教育课程内容不断丰富，特色化课程不断涌现。

但在教育治理能力与治理体系现代化建设的新趋势下，社区教育课程如何树立大视野、高站位，突出社会主义核心价值观引领，实现育人价值？如何弥补碎片化学习的不足，促进系统化，同时又适配“小屏”媒介？如何兼顾显性课程与隐性课程，促使两者携手育人？如何多管齐下、赋权增能，践行“成员即资源”，实现善治促善养？这些都需要在统一框架体系下，分工合作，系统达成。

可见，“九养上城”就是基于上城区域背景、促进社区教育内涵发展、以课程治理为特色、适合“小屏”呈现的课程体系。

三、“九养上城课程体系”是什么

“九养上城”指引下的上城社区教育，课程体系是关键。

课程素来是教育中的核心问题，也是社区教育内涵发展水平的基本标志。“九养上城”课程体系，综合考量市民个人发展及其与环境互动的需求，渗透社区教育课程功能，关照重点人群，以市民个人素养提升的学习需求为主，兼顾人际互动素养和社会参与素养，以线上线下相结合的方式，建立了课程内容和市民素养两个维度为主的双线四层结构框架（见图 1-2-1）。

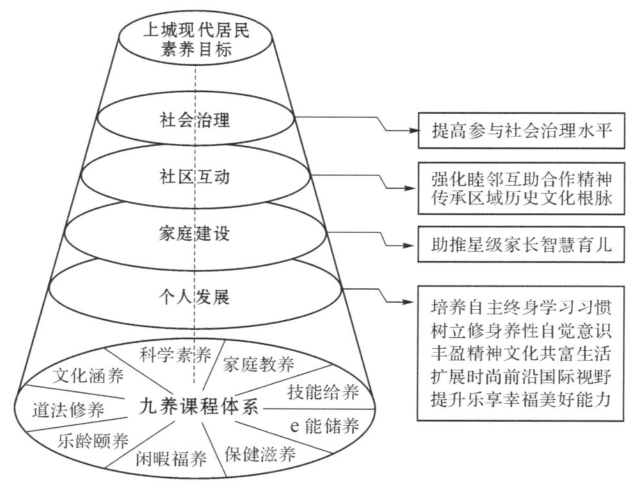

图 1-2-1 “九养上城”课程架构体系

1.“九养上城课程体系”指向市民学习的九类内容

市民学习的内容主要包含以下九类。

其一，道法修养。道法修养聚焦市民文明素质，包含“党建引领、核心价值、道德规范、法律常识、民主意识、哲学信仰”等版块，有公民警校、平安家课程、社会主义核心价值观系列课程、融议事和谐自治课程等。

其二，文化涵养。文化涵养强调“文以化之”，包含“华夏礼仪、中华文脉、上城古今、文学品鉴、影视欣赏”等版块，有上城历史、你好南宋、非遗体验、袋儿风筝、人文走读等课程。

其三，科学素养。科学素养提倡“享受科学乐趣，体会真理力量”，包含“科学精神、生命科学、低碳生活、食品安全、应急避险、合理消费”等版块，有食品健康、科学烘焙、科普小知识等课程。

其四，家庭教养。家庭教养以“幸福的家庭都是相似的”“幸福的家庭是经营出来的”为前提理念，涵盖“教育理念、育儿方略、沟通艺术、氛围营造、家庭救护、价值观念、家风家训”等版块，有星级家长执照中的家长课程、幸福家中的婆媳关系处理课程、创意馆的少儿创意课程等。

其五，技能给养。技能给养尊重“社会不断进步，技能需要精湛”的现实，着重“职业更替趋势、所需资源搜索、行业‘充电’路径、新兴行业在线学堂”等版块，有技能培训、技能考证、母婴护理、茶艺师、救护、烘焙、插花、摄影等课程。

其六，e能储养。e能储养基于“智能时代已到来”的现实，倡导全民积极融入，包含“会用计算机、熟悉互联网、玩转智能手机、掌握操作APP、了解人工智能、保持人类价值”等版块，开设计算机课程、智能手机课程、“人人有追梦之权利”之淘宝大学课程等。

其七，保健滋养。保健滋养尊崇“健康需要保养”理念，包含“健康理念、营养膳食、合理运动、时令养生、心境养生、中医保健”等版块，有中华韵形体课程、中医保健课程以及太极拳等学习型社团。

其八，闲暇福养。闲暇福养主张“张弛有度，陶冶情操”的生活方式，包含“琴棋书画、花草虫鱼、自制美食、旅游公益、手工制作、曲艺杂坛”等版块，有旅游课程、花鸟课以及小剧场、幸福手工制作等课程。

其九，乐龄颐养。乐龄颐养倡导“老有所学更加乐”的积极理念，包含“老年规划、遗产继承、老年心理、养老护理、老年娱乐、老年阅读、老年防骗、老年保健”等版块，充实着诸多相关课程，专为老年人而设，呼吁全社会关爱老年人。

2.“九养上城课程体系”树立市民九大素养目标

（1）个人发展层面。

一是培养自主终身学习习惯。“九养上城”首先是市民自主终身学习的支持方案，其根本目的是引导市民养成终身学习的习惯。其所提供的资源、策划的活动、开发的基地、树立的品牌、挖掘的好老师等，都旨在发挥引领作用，影响和带动市民习惯、自觉地投入终身学习活动。

二是树立修身养性自觉意识。自觉的修身养性意识会引领我们不断向上、完善自我，同时服务他人、和谐社会。

三是丰盈精神文化共富生活。新时代，无论老百姓的“美好生活”追求，还是区域发展的“共同富裕”导向，精神文化生活都是核心内涵。从“富口袋”到“富脑袋”，“九养上城”倡导“精神共富”，引领市民在丰衣足食的前提下，主动追求精神文化生活，丰盈内在，在照顾好身体的同时安顿好心灵。

四是扩展时尚前沿国际视野。上城是杭州城市的发祥地，历史源远流长，而今“独具韵味的国际化现代化共同富裕典范城区”建设又成为其目标，市民时尚前沿国际视野培养的重要性就显现了出来。2016 年的 G20 峰会上，上城市民以主人翁姿态、志愿者身份，迎接八方来宾，展现了杭州人的热情与自信；2020 年的上城区全民终身学习活动周开幕式上，无人机、机器人展台前学习者人头攒动；杭州亚运会前，作为杭州宜居城市建设的主要担当，上城主动对标纽约、巴黎等城市，不断优化文化体验感，提升文化影响力……城区发展，其最坚实的基础永远是市民素养。

五是提升乐享幸福美好能力。共同富裕追求的本质是人民幸福，因此我们将“感知幸福享受美好”作为现代市民综合素养之一。无论是中华传统文化还是如今的积极心理学，都可以帮助市民提升此素养，使之真正认识到“幸福取决于对幸福的感知能力”。

（2）家庭建设层面。

六是助推星级家长智慧育儿。家庭是人生第一所学校，也是终身的学校。家庭教育是终身教育的基础。《中华人民共和国家庭教育促进法》的实施使家庭教育由“家事”上升为“国事”。家长是实施家庭教育的主体，树立正确的育儿观，传承好家风，创设儿童友好型家庭环境，用实际行动建设和谐家庭，这不仅是为人父母的自我进修，也是新时代家庭建设的重点。

（3）社区共融层面。

七是强化睦邻互助合作精神。新冠疫情的肆虐，将邻里关系提升到了“守望相助”的层面。在“人类命运共同体”格局下，睦邻互助合作精神就是人与外界发生联系的第一需求，格外需要强化。

八是传承区域历史文化根脉。城市文脉就是一部城市文明史，是形成和积淀城市性格的文化基因，决定着城市的价值品质，诠释着城市特色。上城受吴越文化、南宋文化双重哺育，经历代励精图治，蒙各朝文明加持，终成文脉兴盛之地。在近现代，仁人志士更是为这片土地绘就浓墨重彩的画卷，留下了“革命红脉”。传承上城文脉，守好红色根脉，讲好上城故事，是每一个上城人强根魂、壮筋骨的必选动作，也是保障我们在正道上行稳致远的“上城装备”。

（4）社会治理参与层面。

九是提高参与社会治理水平。我国正在着力构建的现代化国家治理体系，是政府、社会和公民主体平等互动、协同共治，各自承担相应治理责任的动力系统。“不断提升社区治理水平”“增强社区居民参与能力，提高社区居民议事协商能力”已于2017年写入中共中央、国务院发布的《关于加强和完善城乡社区治理的意见》中。上城区诞生的“中国第一居委会”，在治理史上赫赫有名。作为传承，我们将以社区教育助推公民参与社会治理为目标，以培养公民参与社会治理能力为着力点，助力社区善治、社会良治。

“九养上城”基于当下，瞄准未来；从居民需求和素养提升入手，深入规划，奠定了上城社教的历史基底；意在发挥社区教育软实力的作用，久久善养，养出新时代高素质居民，为实现社会文明、共同富裕探索上城路径！

参考文献

［1］政协杭州市上城区委员会．又见南宋［M］．杭州：杭州出版社，2019.

［2］杭州市上城区文化广电新闻出版局．南宋遗韵［M］．杭州：西泠印社出版社，2013.

［3］《人间天堂 品质杭州》丛书编辑委员会．人间天堂 品质杭州（上城卷）［M］．杭州：杭州汉书数字出版传播有限公司，2009.

［4］沈小勇．杭州城市人文精神的多维文化基因［J］．杭州，2020(19):48−49.

［5］谢上连．英汉习语中数字“9”的文化内涵比较［J］．湖南科技学院院报，2011，32（07）:152−154.

［6］比科·依耶，罗立芳．数字9的魔力［J］．广西审计，1994（01）:42.

［7］杨伯峻．孟子译注［M］．北京：中华书局，2010.

［8］楼宇烈．儒家文化与中华民族复兴［EB/OL］．（2021-09-15）［2022-07-22］．https://www.legal-theory.org/?mod=info&act=view&id=26071.html.

［9］费孝通．乡土中国［M］．上海：上海人民出版社，2013.

第二章
深化发展，九养机制的常规落地与不断革新

为营造“人人皆学、时时能学、处处可学”的学习型社会，上城社区教育坚持以人为本、以百姓的需求为导向、以九养机制为主线，构建全方位、立体式终身教育网络。汇聚全域力量，上城积极构建适合 0—100 岁各年龄段人群的教育体系，从知识到技能等各类型的学习，从线下到线上各形式的活动，从短期到长期各规模的培训，无不凸显九养机制的不断深化与创新。

对上城社教人而言，全力推进构建纵向一贯、横向沟通、内外一体、多维整合、高度开放而又科学规范的终身教育体系，其实践只有起点，没有终点。上城社教人永远走在那条自己闯出来的、改革创新的、高质量跨越式发展的路上。

第一节
民呼所学　我应所教

⊙

教育是民生之基，人民日益增长的美好生活追求将越来越多地表现在对美好教育的需求上。

而上城社区教育早在 2003 年起就一直秉承“民呼所学，我应所教”的宗旨，以增强居民幸福感为己任，全力搭建美好终身教育的“上城样板”，为全区市民提供老年学堂、终身学习基地、匠心工作室、电子学习地图等形式多样的学习资源，让不同年龄段的群体都能享受到有质量、有温度的社区教育，体验到更具幸福感、获得感、满足感的终身学习生活。

一、有教无类，倾力打造全龄培训“纵贯线”

上城社区教育以建立并不断完善没有缝隙的区域终身学习体系为目标，以满足不同年龄、不同层次、不同对象的不同需求，辐射 0 岁至 100 岁各年龄段人群，让越来越多的居民迈向“没有围墙的学校”“没有边界的课堂”“没有

限定的教师”的终身教育模式。

1. 婴幼教育早探究

党的二十大报告提出的“深入贯彻以人民为中心的发展思想”的七个事项中，“幼有所育”排在首位。上城区 2022 年政府工作报告中也提出要提升托幼普惠服务水平。发展婴幼儿早期教育成为新时代重要的民生工程。让每个婴幼儿都接受到良好的社区早教，也成了整个社会的共同责任。

上城社区教育很早就进行了婴幼儿早期教育的探究实践。2010 年 9 月创意馆成立，面向 3—6 岁儿童开展各类创意培训，让儿童在参与中感受、体验中创造，以提升幼儿艺术素养、学习品质和思维能力。

于 2012 年成立的“三优”中心开设了优家学堂，和小营街道合作探索“优生、优育、优教”工作，协同开展多样的早教活动，致力于面向 0—3 岁婴幼儿及其家长和看护人开展专业化的公益早教服务，提升 0—3 岁婴幼儿的家长和看护人的育儿理念，被评为省级“三优”中心。

2. 青少年教育展风采

为青少年提供校外教育是社区教育工作的重要任务之一。特别是“双减”政策落地后，如何安排课余时间和假期生活成了摆在众多家长和青少年面前的难题，也成了社区教育的重大课题。为青少年提供高品质、多样化的教育是终身教育的重要一环。上城社区教育进行了丰富多彩的实践，并构建了青少年校外活动体系。

“快乐少年 七彩追梦”青少年校外教育项目于 2014 年开始实施，该项目构建了大教育格局，落实于区社区学院、街道分院和社区市民学校三级社区教育网络中，做到了活动全覆盖，将学校、社区、辖区单位等纳入青少年教育资源提供者的范畴，使资源得到有效整合、多元共享、协调发展，满足了青少年全方位、个性化的学习需求。该项目被评为全国青少年校外教育示范项目。

上城社区教育还根据全区初中学校及部分高中学校的需求，利用课余时间，开展各项职业技能培训。这些培训丰富了中学生对职业、职业技能的认识与体验，为中学生形成专业兴趣与职业倾向奠定了基础，也成为中学生职业技能培训的模式创新。

从 2021 年起，上城社区教育助力区域“双减”推进落实，加速与学校教育融合，通过“匠心课堂进校园”等工程，积极送教进校，为学校增加特色资源，助力青少年个性化发展。

3. 成人培训深拓展

随着科学技术的发展和知识更新速度的加快，获取学历证书、提升职业能力成为当代成人学习重要而迫切的现实诉求。为此，上城社教制定了贯通式的学历及技能教育培训：

“双证制”高中学历培训将分散的各类培训系统整合，面向具有初中学历、处于劳动年龄段、属于常住居民和缴纳杭州社保 6 个月以上的进城务工人员，开展技能培训和文化课学习相结合的成人教育培训。

技能培训考核通过后，由政府人社部门颁发相应的职业技能等级证书；文化课学习包括语文、数学、科学、公民道德及法律基础 4 门必修课程，采用面授与自学相结合的方式进行，完成后进行统一考试。教育行政部门为技能培训和文化课学习达到一定数量和质量要求、技能与文化课考核通过的学员颁发成人职业高中文凭。

上城社教也开展了面向教师、干部、职员和社区工作者进行的大学专科、本科、研究生学历培训。自 2015 年起，与杭州广播电视大学合作开展各级各类学历层次培训，专科、本科、研究生学历培训体系逐步建成，远程教育等培训形式日渐丰富。

4. 银龄培训显品质

党的二十大报告提出，“实施积极应对人口老龄化国家战略，发展养老事业和养老产业”。上城作为杭州市的中心老城区，老龄化情况相对于其他城区而言更加严重。截至 2021 年底，上城区 60 岁以上的老年人口占总人口的 26.2%，远远高于国际上 10% 的老龄化社会标准。如何在物质富裕的基础上，满足区域内居民，尤其是老年群体的精神需求，使“老有所学、老有所为、老有所乐”，这成为上城社区教育工作者面临的重大课题。

上城社区教育全力打造乐龄学堂，并进行理念、目标、模式等方面的优化发展，形成一个以丰富老年精神生活为主旨，以终身教育券为载体，构建涵盖老年教育培训、老年艺术社团、老年学习型社团、老年网络教育以及老年志愿者服务等多元内容的“文化养老”服务体系，为老年人享受教育、保持身心健康提供了文化保障，已成为推进区域老年教育事业发展的重要平台。

上城社教的银龄培训也在不断发展，其理念不断更新，培训课程也从最初的 6 大类 19 门，发展到 20 大类 340 门，满足了老年市民多样化的学习需求。

二、因材施教，积极搭建终身学习“立交桥”

上城区作为长三角主要城市的中心城区，居民结构多元。上城区内各部委办局联合联动，动员、吸引、鼓励居民“自主学习、终身学习、全员学习”，根据不同人群的需求，从推动“全民接受教育”转化为“全民自主学习”，保障不同人群终身学习的基本权利，在推进学习型社会建设和终身教育发展的过程中助力实现人的全面发展。

1. 本地居民“主人翁”化

这里的“主人翁”化是指培养常住居民参与国家、社会、社区治理的“主人翁”意识。

随着社区居员结构日益复杂和多元，居民融入社区、融入社会的需求也变得更加强烈。推进社区治理，需要社会力量的有效整合、协同共创。其中，社区教育承担着不可推卸的责任，起着不可替代的作用。

在上城社区教育全力打造的“终身教育券新六大工程”中，“区域文化传承工程”就是融社会主义核心价值观教育与中国传统文化教育于一体，进行有针对性的区域特色化公民教育、志愿者服务。

上城区是杭州千年文化与文明的主要承载地，孕育着丰富的地域文化和历史文化。上城社教挖掘出其中真切感人的民间故事、名人轶事、坊巷传说，提炼出其中蕴含的精神与文化，开发《上城故事上城人》系列读本与微课，使之与时代血脉相连、传承不歇。上城社教把这些读本与微课送进社区，送到居民身边，并引导居民崇德向善，对推进社区文化和精神文明的建设起到了独特的作用。

2. 家庭学习亲子化

家庭教育是以亲子关系为中心的教育。亲子关系不仅直接影响孩子的身体健康，而且对孩子学习习惯、品格的养成，甚至整个家庭的幸福和稳固都起着举足轻重的作用。目前“80后”“90后”已成为学生家长的主力军，他们认同并愿意参与到亲子陪伴中。

上城社教历来重视家庭教育的亲子化，致力于建设学习型家庭——以星级家长执照平台为载体，以宋韵文化为抓手，搭建以家庭“祖、子、孙”共学习同体验为核心的“三代宋塾”亲子共学模型。大手拉小手，满足老、中、幼全年龄段、不同层次学习者的个性化学习需求，以营造良好的家庭学习氛围。

重大节点也是开展丰富多样的亲子学习的契机。如在建党100周年之时，上城社教线上开展党史知识竞赛活动、线下进行亲子体验活动，引导大家传承红色基因，听党话、感恩党、跟党走，激发爱党爱国热情。

上城区还倡导“每周一天家庭日 幸福快乐伴成长”，通过亲子共学活动，增强家庭关系，完善家庭功能，引领健康向上的家庭生活观念。

3. 公职人员精学化

国家机关、国有企业和事业单位等的公职人员要提高自己的思想政治素养、业务能力水平和人事管理水平，有进一步学习的需求。上城区非常重视公职人员的继续教育，而社区教育在其中承担了大量的教育培训工作。

上城社教启动了对教师、公务员队伍的专项教育：在“e学网”“微学通”上专门开设“公仆政学坊”栏目，提供科学发展观、执政能力、公共管理等方面的在线培训课程；也有对公务员进行廉政教育、对教师进行心理健康教育和再发展教育等线下课程。此外，上城社教每年也会开设教师培训，引导教师利用自己的资源优势，为青少年设计活动，利用好社区平台，锻炼自己，努力成为开放型教师。

《中华人民共和国家庭教育促进法》颁布后，上城社区教育立即响应，汇聚多元力量，推出立体化、全覆盖、可选择的家庭教育指导师资培训，以提升教师家庭教育指导的专业性，受到了辖区教师的热烈欢迎。

上城社区教育面向公职人员开展的专业知识培训，提升了公职人员的胜任力、执行力、发展力、创新力和领导力。

4. 技术人员专业化

现代企业的竞争，实际上是人才的竞争，而人才的竞争，很大程度上有赖于企业人力资源的开发。加强职工技能培训，提高职工的技能和知识水平，激发职工智慧潜能和创新欲望，增强职工市场竞争力，提升企业劳动绩效，才能实现企业又好又快发展。

上城社教汇聚社区学院、各部委、企事业等单位的力量，开展了各类专业技术人员培训。如与浙江星野集团合作开展警官培训、与区建设局一起进行协管员培训、与杭州红泥餐饮公司合作开展餐厅服务员培训、与省工行合作开展新员工培训、与区民政局共同组织开展养老护理专业技能培训。此外，还开展了银行仓库保管员、机关和事业单位清洁人员、学校生活老师、保育员、公司文秘、色彩搭配设计师、育婴师、插花员、缝纫工、眼镜验光员等培训，成效显著。

2015年，上城设立了上城区蓝领驿站，通过“三层级”模式开展日常工作，建立了区级服务总站、街道/园区的分站、以社区为单位的微站，进一步扩大了专业技术人员教育培训的规模。

5. 外来务工人员技能化

外来务工人员是城市社会群体的重要组成部分，对城市的发展具有重大意义。城市就业机会多，就业要求也高，外来务工人员有学习更多技术和知识的需求。

上城区贯彻《农村劳动力转移培训计划》精神，开展了外来务工人员的教育培训，如进行计算机、英语、普通话的培训，举办救护、保健、安全、礼仪等专题讲座。同时不断扩大培训内容与范围，在“微学通”上设立“助企惠民”学习场景，通过线上与线下相结合的学习形式，提高外来务工人员的综合素质，增强其就业竞争力。

上城社教还和区建设局等部委办局合作建立民工学校，贯彻“在建楼中育人，在育人中建楼”的宗旨，为外来民工提供安全生产、法律法规、文明礼仪、社会公德、职业道德、卫生防疫、技能操作等方面的基础知识培训，同时结合工地情况、形势发展变化、民工队伍新问题及企业自身需要等设置相应课程，体现了“以人为本”的特色。

6. 弱势群体提升化

城市中失业人员、有心理障碍或生理缺陷的弱势群体获得教育培训的机会不多，但他们恰恰最需要获得多层次、多形式的职业培训，以提高就业能力。

上城区从 2004 年起就持续开展面向下岗失业人员、流动人口、低收入人员的再就业适应性培训，内容主要是再就业所需要的初级技术，包括园林作业技术、电脑应用技术、家政技能等，有力地促进了弱势群体的重新就业。

提供就业培训仅仅是基础。从 2015 年起，上城区进一步强化了对弱势群体的创业培训，社区学院开展了网上创业专项培训；同时，注重整合区域资源，充分利用上城区人力资源和社会保障局搭建的“创业创新”平台，为全区失业人员、流动人口、低收入人员、残障人士量身定制“网上创业课程培训”。

这些“网上创业课程培训”与为大学生和创业人员开设的同类型课程培训不同，它们降低了入门难度，提升了手把手教的内容的比例。许多参训人员在培训之中打开了思路，改变了“坐等”政府或亲戚朋友帮助解决就业困难的心理，积极就业创业，为提高家庭收入创造了条件。

三、全面覆盖，品味社区教育“幸福果”

社区教育是提升个人素质、推进个人终身发展的重要途径。上城区通过开展各种类型的社区教育活动，推进全民终身学习，成效显著。

1. 上城居民学习观念日益更新

上城区以“终身教育券”实践“全员有学”，以线上平台实践“全程易学”，以丰富的学习形式实践“全体乐学”，以扎实的社区特色课程实践“全面优学”，以终身教育节、家庭教育宣传活动周实践“全民享学”，并将“五学”理念贯彻到终身教育体系中，目前已形成了较为浓厚的学习氛围，出现了许多学习先进典型。

2021 年，覆盖全区、针对上城社区教育的专项调查《社区教育满意度调查问卷（社区居民版）》显示，83.6% 的受访者有兴趣参加社区组织的学习活动；87.0% 的受访者认可“活到老、学到老”的终身学习理念。

2. 上城居民归属感不断增强

上城的“终身教育券”培训，深入日常工作、生活实践，满足上城居民的内在需要，有效地增强了大家的归属感。

如依托“阳光品质工程”成立的艺术团，以提高居民的生活品质为宗旨，活跃在上城各街道、各社区，成为宣传上城社区教育、展示学习风采的重要载体，极大地提高了辖区居民的精神生活质量。另外，还有依托“养教护健康工程”开展的“身边的私人医护”等活动，有效地提高了上城居民的生活质量。

3. 上城居民幸福指数一路攀升

上城居民的精神生活质量和物质生活质量得到改善，幸福指数不断提升。由民政局牵头、在全区开展的居民幸福指数调查显示，2019 年社区教育综合满意率达 95.90%，2020 年达 97.70%，2021 年达 98.60%（见图 2-1-1）。可见，社区教育是提升居民幸福感、构建社会主义和谐社会不可或缺的一环。

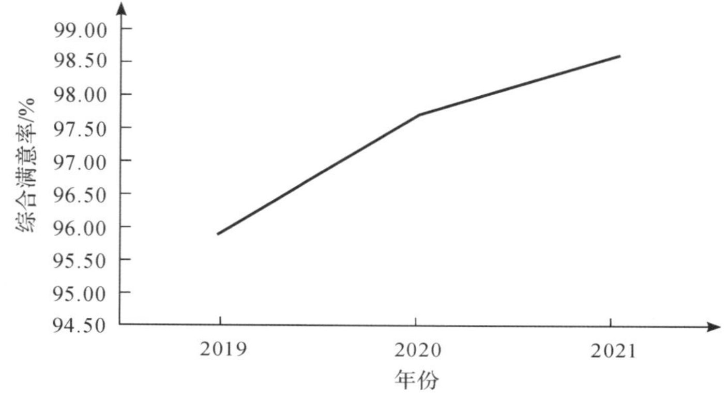

图 2-1-1　上城居民社区教育综合满意率（2019—2021 年）

让我们进入上城区一户普通家庭，跟着他们的终身学习之旅，体验一下幸福的居民生活（见链接 2-1-1）。

链接 2-1-1
终身学习之旅

当前，上城正在全域打造集文化、娱乐、教育、养老等功能于一体的“幸福邻里坊”社区共富综合体。这些步行 5—15 分钟范围内的幸福生活空间也成为上城社区教育的阵地，承包了上城居民的教育需求，并提供家门口的优质教育服务。

民呼所学，我应所教，上城社区教育人的初心使命蕴含其中。

不断回应人民群众对美好生活的向往与追求，不断破解人民群众终身学习的难点和痛点，是上城社区教育人的温度和情怀。上城社区教育人为此不懈努力着。

第二节
以人为本　智慧社教

⊙

继承优秀传统，立足区域发展，上城区始终坚持“以人为本，智慧社教”的发展理念，大力发展终身教育，把“全面推进教育优质均衡发展，让区域内每一个居民都能接受更好的教育”作为核心目标。目前，上城区已基本形成了“人人皆学、时时能学、处处可学”的学习型社会总体框架。

一、社区教育的内涵

社区教育具有包容性强、灵活性高、覆盖面广的特点。社区教育的开展不仅仅是教育部门的事，更是需要社会各界共同参与的重要事业。

党的二十大明确提出，要“不断实现人民对美好生活的向往”。社区教育面对的是 0—100 岁的社区居民，具有普惠性、公平性，可以帮助人们实现美好生活的愿望。此外，它对于关怀、照顾弱势群体也具有重要意义。因此，就其本质而言，社区教育是公平性教育，是政府实现公平、公正的重要路径之一，是提供公共教育服务、实现共同富裕的重要手段之一。

二、上城社教的沿革

1989 年 5 月，上城区被列入杭州市社区教育试点区，是开展社区教育较早的地区。自此，上城社教一直走在全市、全省乃至全国前列，曾荣获全国社区教育示范区、全国首批数字化学习先行区、杭州市品质生活年度学习区块等众多荣誉，并在浙江省首批示范学习型城市评比中高居总分第一。上城区社区学院被评为全国事迹特别突出的优秀成人继续教育院校、省级社区教育示范学校、杭州市第五届黄炎培职业教育优秀学校奖。

上城社教的成绩来之不易，回眸走过的路，大致可分为以下五个阶段：

第一阶段——蹒跚起步，摸索向前（1989—2000 年）。该阶段开展以各街道为试点、以市民教育为内容的社区教育。1989 年，在区政府的统筹规划下，上城区教育局率先从校级干部中选派人员赴湖滨、小营两个街道担任专职社区教育干部。随后，教育局向上城区所辖的 6 个街道派出了社教干部，真正揭开了上城区全面开展“全员、全面、全程”社区教育的帷幕。

第二阶段——志存高远，跬步千里（2000—2008 年）。该阶段开展以完善终身教育学习网络为重点的社区教育。上城区自 2000 年开始，开展了大量的社区教育调研工作，并积极筹建上城区社区学院。上城区社区学院于 2003 年正式挂牌成立。区财政局每年以 2 元每人的标准下拨社区教育经费，用于开展 0—6 岁早期教育、青少年校外教育、职工教育、流动人员教育、市民教育和老年教育等，形成了区社区学院、街道分院、社区市民学校三级社区教育网络。

2004 年 2 月 15 日，全国第一张“终身教育券”在上城“诞生”。上城社区教育开创了新时代。2007 年 2 月，区政府拨专款 550 万元对上城区社区学院进行了彻底改建，使其在定位和功能上更加有利于社区教育的发展。随着 2008 年“创建学习型组织”研讨会的召开，上城开始鼓励居民网上自主学习，进一步发展了终身教育。上城社教在前行中不断完善。

第三阶段——惟实励新，锐意进取（2008—2015 年）。该阶段全面开展以创建学习型城区为目标的社区教育。2008 年 10 月 30 日，在第十届中国杭州名师名校长论坛社区教育分论坛上，时任上城区人民政府副区长宦金元提出了“社区教育是提升城市软实力的第一助推力”的观点，引领着上城社教踏上高速发展之路。

在湖滨、小营、望江三个街道被评为全国社区教育示范街道和“终身教育券”被评为全国社区教育示范项目后，上城区委区政府于 2009 年下发了《关于创建“全国社区教育示范区”的实施意见》《关于印发上城区推进学习型城区建设行动纲要的通知》《关于印发上城区推行电子终身教育券构筑数字化学习社区实施意见的通知》等文件，旨在精心打造三大品牌（终身教育券、终身教育节、上城品质生活大讲坛）、开发社区教育特色课程、启动社区教育实验项目、开展社教规划课题研究、构筑“e 学网”数字学习平台、搭建“三零四灵”居家教育体系。上城社教注重品质，激发活力，在上城区打造品质生活新高地的过程中发挥了重要作用。

第四阶段——踔厉奋发，笃行致远（2015—2021 年）。该阶段进一步扎实推进以内涵发展为核心的社区教育。上城社教已基本形成政府主导、部门联动、社会参与的良好发展格局，居民参与终身学习意愿强烈、社区教育培训品牌突出等优势进一步凸显，社区教育“上城样本”已逐渐显现。

上城社教连续多年综合满意度达“高度满意”水平，处于“一流社教、引领发展”的阶段。上城社教于 2016 年和 2018 年分别接待联合国教科文组织终身学习研究所专家团队的实地访问、参观调研，专家们给予上城社教高度赞誉和肯定。

2018—2020 年，湖滨、清波、小营、紫阳、南星、望江等街道先后被认定为杭州市示范街道 30 分钟市民学习圈，自此，当时全区 6 个街道均被认定为市级示范学习圈，成为杭州唯一一个市级示范学习圈创建率为 100% 的城区。

2020 年 9 月，上城区积极响应 2020 年省政府民生实事项目，成立杭州市上城区望江街道老年学堂，缓解老年教育“一位难求”的困局，方便社区居民就近入学，共享美好教育。2021 年在浙江省县级学习型城市发展指数排名中，上城位居榜首。上城社区教育成为区域实施终身教育和推进学习型社会建设的引领者。

第五阶段——蓝海可拓，未来可期（2021 年至今）。该阶段坚持以高质量发展为核心的生长型社区教育。2021 年 4 月，上城区划调整，区域范围从 18 平方千米拓展至 122 平方千米，大大拓宽了发展空间。2021 年 8 月，原上城和原江干的社区学院正式合并，合署办公，上城社区教育迎来更大的发展机遇，在加快建设"独具韵味的国际化现代化共同富裕典范城区"的号召下布局新蓝海、擘画新蓝图。

上城区 2022 年政府工作报告中强调"全面做优'一老一小'保障体系"，在老龄化程度较高的城区，打造更适老的学习场所，让老年居民在家门口就能有所学、有所获，这也是智慧助老工作的重要部分。而对于青少年来说，"双减"之后到何处去，也是家校政社协同育人的重大命题。

上城社教快速响应，积极作为。2022 年 2 月，上城区社区学院景芳院区正式启用，清波、九堡、丁兰等街道老年学堂相继成立，上城社区教育一院多点、多处开花。为助力"双减"，上城社教线上开设专项家长课程，线下推进社区好老师进校园，不仅赢得一致赞誉，杭州日报为此还刊发了专题文章进行报道。

未来，上城社教将一如既往，奋力当好高质量发展排头兵，在助推精神共富的过程中不断提升居民的获得感和幸福感。

三、上城社教的纲领

上城的实践经验表明，要较好地开展社区教育工作，必须树立科学的理念。上城社教始终坚持以下原则。

第一是坚持需求导向，注重实效。以学习者为中心，以学习需求为导向，为社区内不同年龄层次、不同文化程度、不同收入水平的居民提供多样化教育服务，体现公共服务的普惠性，促进社会公平与共同富裕。

第二是坚持改革引领，内涵提升。不断解放思想，追求卓越，以改革为动力，持续增强发展活力；培育多元主体，整合社会各类资源，激励社会组织参与，努力构建更加丰富多彩的课程体系。

第三是坚持立足街道，彰显特色。立足街道，着力夯实基层工作，办好居民家门口的社区教育；结合街道的历史、人文资源和经济发展状况，因地制宜、因势利导开展社区教育活动，推进社区教育特色发展，促进优秀传统文化的传承与创新。

第四是坚持服务社区，推动发展。结合社区教育进文化礼堂，增强社区教育服务区域经济社会发展的能力，增强社区教育团结人、凝聚人、教育人的功能，使社区教育在文明城区建设的过程中发挥更大的作用，推动社区教育融入社区治理。

四、上城社教的探索

经过三十多年的探索实践，上城社区教育走出了适合自己的优质发展之路，彰显出了上城智慧。

1. 着眼长远，顶层设计

只有着眼长远，才能谋求发展。上城社区教育历来重视顶层设计，三年规划、年度计划都反复打磨，多方论证，在钻研中实践，在反思中蜕变。

上城社教秉持“有学、易学、乐学、优学、享学”理念，即让居民有地方学，有好书读。实行零门槛学习、零要求学习，优化学习的内容、优化传授的方法，让居民在快乐学习中享受学习的过程和学习的成果。

上城社教注重培植三种文化，即“一切教育皆课程”的社区教育课程文化、“日常工作问题化”的社区教育科研文化、“满足居民发展需求”的社区教育服务文化。

上城社教致力于建好五大基地，即以上城区社区学院为平台，建设社区家庭教育研究基地、学历技能培训实践基地、学生社区实践活动研发基地、助学志愿服务项目研训基地、创艺体验课程研发基地，服务于家庭教育、成人教育、青少年教育、学历教育、线上教育等多个维度。

2. 政策支撑，科学架构

上城社教以“立足社区、依靠社区、服务社区、建设社区，促进教育和社会的协调、互动发展”为发展战略，重视社区教育的组织管理和运行机制的优化。

从 2004 年至今，上城区下发了《中共杭州市上城区委、杭州市上城区人民政府关于建设学习型城区的决定》《关于上城区推进学习型城区建设责任分工的通知》等文件，将社区教育发展纳入到了区域内经济社会发展、教育、人才队伍建设等专项规划中。

在三十多年的发展过程中，上城社教形成了由三个相互关联层面共同组成的组织体系（见图 2-2-1）。

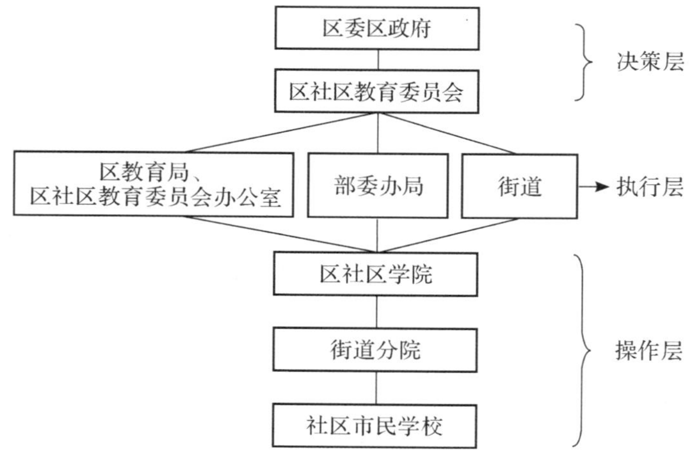

图 2-2-1　上城社区教育组织体系图

第一层面是决策层，以上城区委区政府为主线，区社区教育委员会（简称“社教委”）为主导；第二层面是执行层，以上城区教育局、区社区教育委员会办公室（简称“社教办”）为执行实体，联合各部委办局、各街道，负责具体工作的规划、实施和考评；第三层面是操作层，以区社区学院为主体，与街道分院、社区市民学校及相关培训机构共同负责社区教育活动的开展。

上城区还进一步健全了社区教育管理网络，以上城区社教委为主导，区社区教育学院为龙头，街道分院为依托，社区市民学校和相关培训机构为主体的四级社区教育网络配合默契、高效运作、互动发展，建立了多元的、全方位的终身学习体系。

3. 有效整合，有力融合

区域内物力资源、人力资源的有效协调、有机统筹、深度融合，促进了社区教育的可持续发展。

上城社教持续优化办学基地。上城区社区学院作为区域终身教育的指导机构，具有“选择性学习空间”“开放性服务空间”“共享性健身空间”“多样性教学空间”“多功能活动空间”“多区块交流空间”这六大教育空间，基本满足了 0—100 岁学习者的需求。

各街道分院建设也因地制宜、各有特色：“醉”美湖滨、幸福清波、红韵小营、“望”眼“江”来、乐活南星、美好紫阳、精彩闸弄口、凯旋启航、和谐采荷、潮起四季青、“蝶变”笕桥、活力彭埠、智治九堡、智慧丁兰，打造了“一街一特”“一社一品”的全民学习环境，合力开创全区社区教育的新局面。

上城区还深入挖掘与培育了具有公益性、广泛性、基础性、文化性的终身学习体验基地、匠心工作室等学习阵地，开展了各类学习、交流活动，实现区域场地资源的共享互促。

社区教育属于大教育，仅靠社区教育专职教师远远不能应对和满足市民庞大的学习需求，因此需要合力开发人力资源，坚持专职教师、兼职教师与志愿者队伍同步建设。

上城区充分重视社区教育师资队伍的建设，建立了专职教师培养与培训机制，探索具有社区教育特色的教师培训体系和培训模式，设计开发了社区教育专职教师继续教育课程体系，对社区教育专职队伍进行专业化培训。

上城区社区教育兼职教师包括扎根在一线的社区文教队伍和社区草根教师。对于社区文教队伍，实施文教素质提升工程，开展普及性的社区文教委员培训，以及上城区社区工作领军人才培训。对于社区草根教师，在“能者为师”理念的引领下，2016年启动“上城区社区好老师”评选，筹建“社区教育名师工作坊”。通过提供场地、保障资金、发挥示范来拓宽社区居民参加社区教育工作的渠道。

上城区打造并拥有了一支涵盖教师、机关干部、企业员工、医护人员、驻杭部队军人等并登记在册的4000多名社区教育志愿者队伍。通过开展双师型教师培训、志愿者联盟培训等多种形式的培训，提升社区教育志愿者综合素质和服务能力，夯实了社区教育的基础。

4. 打造品牌，创新突破

品牌就是生命力、竞争力，上城社教不断突破，既有老品牌不断焕发新的活力，又有新品牌不断诞生，保持向“新”而行。

2004年2月15日，全国第一张“终身教育券”在杭州市上城区发放，标志着上城居民终身享受免费教育的开始。

根据时代发展、居民需求变化，“终身教育券”的内涵不断更新：2004年帮扶就业、优化队伍、共同成长、幼小衔接、七彩夕阳五大工程夯实“五学”热土。2008年人文素质、职工素质、七彩夕阳、有效衔接、帮扶就业、优化队伍、共同成长、市民新知识八大工程“链接”八方资源。2010年帮扶就业、共同成长、教师成长、人文素质、市民新知识、七彩夕阳、阳光品质、优化队伍、幼小衔接、职工素质十大工程开启十方乐学。2018年双主体成长、夕阳红七彩、筑匠心惠民、养教护健康、域文化传承、数字化学习六大工程求索蓝海行舟。2022年党建引领能者为师、多点并举幸福长者、家校政社汇心护航、人文上城气韵滋养、泛在可选数智改革、特色发展品牌培育六大行动致力教育共富。

“终身教育券”坚持以区域经济与社会发展为品牌落脚点，以满足百姓实时需求为实施重点，以促进居民全面、可持续发展为增长点，注重“统筹规划—阶段推进—程序规范—全面落实—主体分离—相互保障—以点带面—观念引路”。

2008 年，“终身教育券”被评为全国社区教育示范项目。发展到现在，它已成上城区家喻户晓的品牌，引领着终身学习的风潮。

站在新时代，踏着新起点，面对新征程，上城居民对上城社教寄予了新的期望、提出了更高的要求。而上城社区教育人展望未来，以加快建设更高水平、更高质量的现代化教育、办好居民满意的社区教育为目标，以当好高质量发展领跑者为使命，奋力打造终身学习乐园，谱写新时代上城高品质社区教育新篇章（见链接 2-2-1）。

链接 2-2-1
上城社区教育

参考文献

［1］余勇．跨越高峰觅蓝海：上城区社区教育推进策略的研究与实践［M］．北京：中央广播电视大学出版社，2009.

［2］庄俭，黄健．社区教育，我们这样做——上海终身教育案例［M］．上海：华东师范大学出版社，2016.

第三章
深挖资源，服务全域居民的社教托举作为

社区教育以满足社区内全年龄居民学习需求为目的，上城区 137.1 万常住人口（截至 2022 年底）都是上城社区教育的服务对象。要服务如此庞大的人群，要满足这么多居民不同的学习需求，上城社教必须建构起更为完善的资源集成机制与资源培育机制。于是，上城社教实现了“学习之星”的发掘、“社教好师资”的培养、“终身学习电子地图”的演进、“学习共同体”的培育……

深挖资源，服务全域居民，上城社教人为此不懈探索、不懈努力着。

第一节
“学习之星”炼成记

⦿

“揽湖拥江走运”的杭州上城，是商业核心区、居民聚集区、古迹荟萃区、游客集散区，其文化感、市井感、商业感、历史感浓重，崇文尚武底蕴深厚，读书好学蔚然成风，艺人百工精益求精……这里，为学习楷模的成长提供了丰沃土壤。

经过几代社区教育人的精心打造，上城区建立起了深入街区的“学习之星”探寻与培育机制，发掘了一批有一定影响力的能人和达人，为上城社教的革新注入了源源不断的动力。

一、寻找最璀璨的“学习之星”

“百姓学习之星”是居民眼中的“星辰”，在给别人带来光明与温暖的同时，也吸引了众多追随者。“学习之星”形成一个个学习“星群”、照亮一片片“空域”，并逐渐在辖区内汇成一道道“星河”，吸引更多人靠近与融入。

“百姓学习之星”往往隐藏于市井、分布于各界，静静闪亮、有待发掘。追

踪活跃的社团“星群”，深入灿烂的学习活动“空域”。

“寻星”，甄别出星河中最核心、最亮丽的那一颗。

“炼星”，发掘其中最精彩、最感人的事迹。

“追星”，学习他们最重要、最精髓的内核。

上城为“百姓学习之星”机制的建立、完善提供了条件，孕育并培养了各领域的璀璨“星辰”。他们的涌现得益于这片土地的滋养，他们也为这片土地奉献着光与热。

“寻星”“炼星”“追星”，是上城社区教育使命召唤。让这些“学习之星”带动、引领更多“星辰”，照亮上城的精神文化空间，是上城社区教育的初心所在。

二、何谓“百姓学习之星”

“百姓学习之星”者，简而言之就是来自百姓、成长于学习、闪耀于市井之平凡人士。凡践行终身学习理念。积极参与终身学习。在上城区工作、生活的市民，都可以参加各级各类“百姓学习之星”的选拔。“百姓学习之星”一般有以下特点。

1. 平民草根性

“百姓学习之星”来自民间，服务于民间。他们平凡朴素如你我一样。他们植根街巷，是热心邻里，是城市主人。让我们一起来看看社会“热心人”杨章耀的故事（见链接 3-1-1）。

链接 3-1-1
“百姓学习之星”杨章耀

2. 事迹感染力

如涓涓细流，善行汇成江河；如点点星光，好学照亮人生。“百姓学习之星”都有着感人的事迹，走近这些人，总会感到力量、感到温暖、感到希望、感到光明。警界达人陈全江的故事（见链接 3-1-2），就给了我们这样的感受。

链接 3-1-2
“百姓学习之星”陈全江

3. 社会认可度

有一些言语即便镌刻于巨石也无法令行者驻足流连，有一些举止只是彰显于人心便让群众难以忘怀。“百姓学习之星”要获得社会的广泛认可，不是一朝一夕就可以实现的，而是长期耕耘、默默奉献的结果。让我们一起走近艺术大师董利民（见链接 3-1-3）。

链接 3-1-3
“百姓学习之星”董利民

4. 文化引领性

开先河、领风尚、筑品牌、育新人，“百姓学习之星”是学习上的先进者，更是文化引领高地的先行者；他们用言行感动人，以作为带动人；他们不但成就一件好事，还营造一种氛围。“水星”陈敏（见链接 3-1-4），就是这样一个人。

链接 3-1-4
“百姓学习之星”陈敏

三、慧眼寻“星”：如何选拔“百姓学习之星”

上城社教通过细致、扎实的工作，借助“闻事”“循声”“逐光”等方法，关注新闻报道、深入街道社区、走访社工居民、考察活动过程，让“百姓学习之星”脱颖而出。从 2013 年到 2021 年，上城涌现国家级“学习之星”7 人、省级“学习之星”1 人、市级“学习之星”8 人——这样的成果，在市内、省内、国内均属翘楚。

1. 闻事

所谓“闻事”，就是深入街道社区、学习基地、社会组织、学习共同体等，了解学习活动参与者、组织者的情况，从中发掘“百姓学习之星”。请看案例 3-1-1。

案例 3-1-1 发现那一支笔、那一个人

链接 3-1-5
“百姓学习之星”陈明珠

发现全国“百姓学习之星”陈明珠（见链接 3-1-5），是因为参观了杭州邵芝岩笔庄。

那一天，杭州邵芝岩笔庄掌门人陈明珠向我们介绍了她自己的经历——她于 1982 年进杭州邵芝岩笔庄跟师傅学做毛笔，目前掌握毛笔制作技艺最核心的“水盆工”的全部核心技术。30 多年来，陈明珠不断精心研究制笔技艺，严格把好质量关，研发、制作的毛笔频频获奖。她在邵芝岩笔庄开展毛笔制作公益课和书法公益课，每年接待市民 1.5 万余人。

那一天，我们看她制笔，“尖、齐、圆、健”这毛笔“四绝”展现于她的手上，也融入她的人生，我们看到了一位专业拔尖、知识齐整、处事圆润、内心强健的非遗技艺传承人。

深入街道，我们了解到她还将制笔传统技艺送进街道和社区。走访学校，更是得知她从 2010 年就开始积极与学校结对子，把制笔技艺搬进课堂。采访她本人，我们进一步了解到自 2015 年开始，她走进杭州市 100 多所学校，涵盖幼儿园、中小学及高校，组织主题活动 30 余场，教授学生 2 万余人，向杭州及外省市有需要的学校全方位展示了中国的传统文化和手工技艺。

发掘陈明珠，是一路感动的过程。我们感叹于她将一支笔化作一生的事业，继承前辈，传授后代。我们感慨于她制笔、研笔、懂笔、爱笔，赓续传统，创新技艺，书写未来。我们感动于她携笔走上讲台，让孩子们体会传统文化的奥妙无穷；携笔走入社区，让邻里们从此走近文化传承；携笔走出杭州，让国人增强文化自信。

（杭州市上城区社区学院）

2. 循声

所谓“循声”，就是既关注那些轰轰烈烈的大事件，又留心那些勤勤恳恳有持守的人和事。依循群众自发的赞扬声，去发现那些平凡而又可敬的奉献者。请看案例 3-1-2。

案例 3-1-2 寻找那位老百姓心目中的“学习之星”

在彭埠街道从事社区教育工作的人，常常会听说“王云良”这个名字（见链接 3-1-6）。

链接 3-1-6 “百姓学习之星”王云良

生于 1960 年的王云良，曾入伍 5 年，先后担任村团支书、彭埠文化站长、副研究馆员，获杭州市五一劳动奖章。

老百姓喜欢他，是因为他先后组建了彭埠越剧团、小白菜文学社等 10 余支文艺团队。尤其是彭埠越剧团，深受大伯大妈欢迎。

社区工作人员推崇他，是因为他挖掘民间文化，保护了 37 项非物质文化遗产、10 余项历史文化遗存；开展丰富多彩的文体活动，举办全域运动会 10 届、文体团队风采大赛 12 届；主编《小白菜》刊物 50 余期，著有《钱塘江传说》《地域文化与群众文化研究》《王云良作品选》等 4 本书。他所在的文化站被评为浙江省特级站、杭州市示范站。

大家都说他就是众人心目中的“百姓学习之星”。

王云良对自己的评价则是“爱家乡的人”。 他告诉我们，没有乡土文化哪来都市文化？不知前辈辛劳哪有后代奋进？彭埠地区文化积存丰富，有农耕文化、建筑文化、宗教文化、民俗文化、戏曲文化、传说文化等。随着地域经济特征、地理特征、节庆特征的改变，随着一代代老人、老屋、习俗的凋零，原先鲜明的地域文化正在不可挽回地湮没、消失。留住历史、记录过往，是对先人的尊重，更是对后辈的责任。

（杭州市上城区彭埠街道）

3. 逐光

总有一些人，光热辐射四方，灿烂无法掩盖。所谓“逐光”，就是关注各级宣传报道，寻找光芒四射的学习先进与榜样，了解他们的事迹，并从中发掘“百姓学习之星”。请看案例 3-1-3。

案例 3-1-3　追“星”逐光小记

我是一位追“星”人，是上城社教“百姓学习之星”的寻访者。关注马丽华（见链接 3-1-7），是因为她是一个常常出现在新闻媒体上的“名人”。

链接 3-1-7
“百姓学习之星”马丽华

她从事社区建设工作 20 余年，从一名普通的基层民政工作者，到成为国家民政部首届“全国城乡社区建设专家委员会”成员，还荣获全国劳动模范、浙江省民政系统先进工作者等诸多荣誉。

媒体上报道过，她创办“马奶奶工作室”，组建“比邻汇”联盟，打造“多彩公益圈”，建成了一个人人都可以在家门口参与公益、参与学习的熟人社区，创建出一个热爱学习、平等互助、信任友好的美好生活共同体，让身处其中的每位居民都能成为公益服务、终身学习的践行者和受益人。

媒体上也报道过，每年她都应邀外出授课，将自身的优秀经验辐射出去，在全国各地留下了足迹。

通过媒体的那些宣传报道，可以看到一位把“社工”二字融入生命、坚守终身学习的典范人物；看到一位把学习、工作进行有机融合、创新，让学习提升工作、用理论总结经验，在区域内、同行间有着很强影响力和感召力的榜样……

马丽华被列入 2021 年度“百姓学习之星”推荐名单的第一位。

（杭州市上城区社区学院小营分院）

四、"星光"引领：如何发挥"百姓学习之星"作用

这些身边的"百姓学习之星"在上城社教的实践与发展中起着积极的作用。

1. 榜样示范

上城社教及时用文字、视频记录"百姓学习之星"的学习事迹、总结他们的学习经验，通过上城社教微信公众号"微学通"、每月1期的《学在品质上城》报纸专版等载体广泛宣传他们的故事，以他们为榜样推进区域的学习型城市建设工作。

上城社教还有计划地组织他们在"全民终身学习周"等区域性活动中亮相、介绍经验，在更大、更多的舞台上展现他们的风采，让全体市民感知他们的热情，体悟他们的精神，从而跟随他们的脚步，续写上城"热爱学习"的文化血脉与精神追求。

2. 教学服务

上城社教将"百姓学习之星"纳入"社区好老师"队伍、"社区宣传员"阵营、"社会志愿者"团体，聘请他们任教于"社区学院—街道分院—社区市民学校"，也组织他们送教进企业，进老年学堂。

同时，上城区邀请他们参与全域各级各类学习体验活动的组织、宣传与服务工作，以他们火热的人气、丰富的经验与出色的能力带动更多的市民参与其中，不仅能使更多的市民获益，还能进一步实现他们的社会价值。

3. 指导引领

"百姓学习之星"源于全区域，服务于全区域。更重要的是，他们深具志愿者精神与专业能力，在教学创新、匠心课堂、文化活动、社区治理等诸多方面都起着推动、指导与引领的作用。

例如各级各类“百姓学习之星”都是上城区“社区好老师”的专家库成员，他们在“社区好老师”的选拔与培训过程中起到了重要作用。再例如新冠疫情期间，“百姓学习之星”沈吉夫组织团队学习相关知识，牵头开展爱心捐款活动，配合社区张贴告知书，做好居民宣传工作，为防控工作营造了积极氛围，起到了引领作用。

“百姓学习之星”能凝聚社区文化精神，推动建设特色文化环境，带动周围群众参与学习，引领上城学习风尚。

上城社区教育将接地气、知民意、有学养、乐奉献的“百姓学习之星”找寻出来，让他们成为百姓身边的学习导师、益友良师，进而营造全民学习、终身学习的良好氛围。

第二节
社教好师资培养录

⊙

在上城，如果你有学习需求，总能找到适合你的好老师。

上城社区教育领跑全省，全力打造优质均衡、人民满意的美好教育引领区，其中，内心丰盈、专业精深的社教师资队伍功不可没。

社区教育的发展离不开师资的培养，优秀的师资是社区教育向前发展的核心力量。

一、何谓“社教好师资”

“社教好师资”是依据“能者为师、研学一体、服务全域”三大原则，在区域内遴选出热爱社区教育事业、具有强烈责任感和奉献精神、才艺出众或拥有独特的专业技能，通过培养，能贴合区域发展、居民学习需求，承担社区教育相关学习与培训工作的社区教育专职、兼职教师。

上城区建立了社教师资库，包括通过三年一轮的岗位竞聘、由中小学和幼

儿园（以下简称“中小幼”）教师转岗而来的专职教师，以及参与社区教育的社区文教干部、老年学校的外聘教师、通过区域选拔而获评的“社区好老师”这三部分组成的兼职教师（见图 3-2-1）。

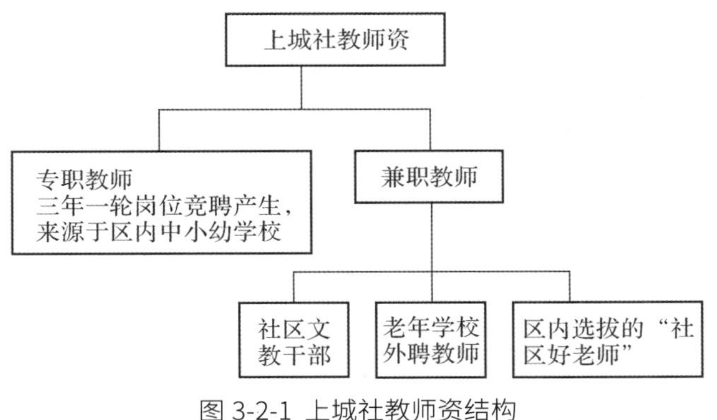

图 3-2-1 上城社教师资结构

二、如何培养“社教好师资”

社教好师资是行业先锋。社教好师资的成长，离不开上城社教的持续关注与分类培养。

1. 专职教师的培养策略

专职教师是社区教育的主力军。上城区充分重视社区教育师资队伍的建设工作，出台政策、健全机制，拓宽了专职教师的来源渠道，保障了现有教师的切身利益，同时制订了教师专业成长计划。

（1）模块培养助推多能型成长。

2007 年开始，上城区建立了社区教育专职教师培训机制，探索具有社区教育特色的教师培训体系。

在设计模块内容时，上城区综合考虑区域社区教育工作重点及教师培训需求、工作中遇到的难题等，以解决问题、提升能力作为培训主要目标，依照“获得体验—引导反思—理论学习—应用实践”四个步骤设计培训内容，开展培训工作。

上城区引导教师从工作与实践中发现问题并提出解决思路，通过总结反思会和网上论坛会研讨问题和提升思路；再通过观点交流会，以现场教学或展示的方式将理论与实践相结合。这样不断地循环上升，形成培训的长效机制。这就是“三会一实践”模块培养框架（见图 3-2-2）。

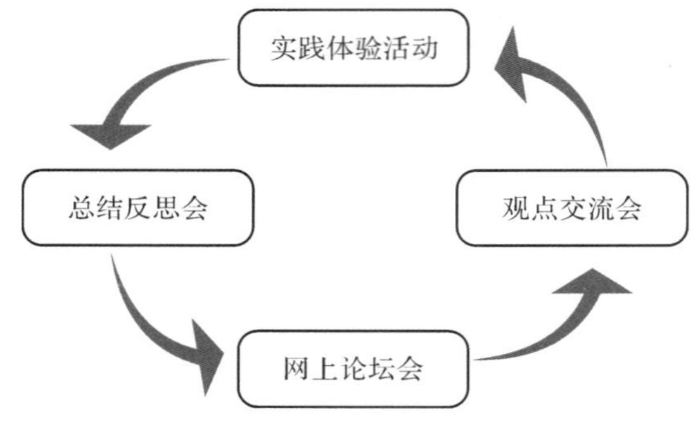

图 3-2-2“三会一实践”模块培养框架

截至 2022 年，“三会一实践”模块培养框架体系日益成熟。在此基础上，上城社教进一步设计开发了社区教育专职教师继续教育课程体系，确定了基础课程培训模块和拓展课程培训模块，通过专题讲座、集体研讨、网上论坛、对话沙龙、参观考察、好书导读等多种形式，面向专职教师队伍开展有针对性的专业化培训。截至 2022 年，专职教师培训率已达 100%，“双师型”教师比例达到 83%。

（2）课程开发促进专业化成长。

教师专业化成长是动态过程，是在实际工作中逐渐积累和提升的，“做中学”方式更适合社教教师。上城区以任务驱动的形式，借助制度保障、平台创设、多维并举三大机制，激励教师投入课程开发，主动去获取相关知识、提升专业化能力。

首先是制度保障，它使课程开发成为必需。根据成人学习特点，上城区最大限度地提升教师学习需求，做好专业发展的顶层设计。事实证明，适度压力和任务驱动能转化为教师自我提升的动力。一方面，《“双师型”教师培养方案》《骨干教师实施办法》等制度相继出台，把课程开发纳入考核。另一方面，上城区鼓励教师参加技能培训，取得相关资格证书，拓宽自身专业领域，为课程开发奠定基础。在培训中，教师作为学员，更能直观体验课程实施过程、反思自身在课程设计上的不足。

其次是创设平台，它让课程从设想变为现实。院本培训改变了常规化的专家讲座模式，设立“人人讲坛”，让教师成为培训的主人，鼓励教师分享教学经验、反思工作得失、提出工作设想等，其中有关课程建设的一些火花不断闪现，后续将通过头脑风暴式的论坛让这些设想更具体化、更有可操作性。而教师通过展示也是一次提升自身素质的历练。请看案例 3-2-1。

案例 3-2-1　亲子诵读课程——“说史记”

进入社区教育领域之前，王老师是语文老师，很喜欢《史记》等中华经典名著。她一直思考如何在社区教育中融入更多传统文化，像《史记》这样的经典著作，里面的很多内容对当今社会都有很大的教育意义。

王老师在院本培训上提出了开发“讲述史记故事”课程的想法，同时抛出了自己的顾虑——鉴于社区教育受众的文化水平和接受程度，讲《史记》不同于其它操作性和直观性强的课程，市民恐怕很难接受。

王老师的想法引起了老师们的热议，虽然有不少老师认为可行性不大，但是也有老师从受众角度出发，认为这样的内容可能更适合有家长陪同孩子参加的亲子课程。

大家围绕着这个设想进行了讨论，经过不断的磨合和实践，推出了经典亲子诵读系列课程“说史记”。该课程受到广泛好评，成为社教品牌课程。

（杭州市上城区社区学院）

再次是多维并举，它令课程开发具有操作性，主要包括以下三方面。

第一，从困局中打造课程——由于教育对象的不确定性，尤其是老年群体比例偏大，教师们在课程建设中会遇到许多意想不到的阻碍。如何从困局中找到解困的方法，检验的是教师个人的实践智慧，也检验着一个团队的实战能力。有时候困境也是机遇。遇到问题，如果能找出问题核心所在并着手解决，一个精彩的课程就会逐步形成。请看案例 3-2-2。

案例 3-2-2 “玩转智能手机”课程

滕老师在开发手机端的学习平台时，发觉关注人数不多，平台的辐射面不够。于是，滕老师从界面设计、内容选择、受众心理、老年群体手机使用等方面进行分析，发现老年群体不能熟练使用智能手机是最主要的限制因素，为此提出了“开发智能手机课，送课进社区”的设想。

此建议马上引起了上城区社区学院的重视和其他老师的共鸣。学院随即组织教师就老年群体的特点、开发智能手机课程的可行性、教案的编撰、课堂的组织等方面展开充分研讨，智能手机课程的雏形诞生了，学院还由此成立了教研组。

紧接着，学院招募老年志愿者，开展多次教研课，不仅有听课教师的现场点评，也有现场学员的及时评价。

这样多次磨课后，较为成熟的系列课程逐渐形成，学习内容涵盖微信、支付宝、拍照等手机功能。学院组织教师到街道、社区上课，受到老年群体的一致欢迎。

（杭州市上城区社区学院）

第二，于兴趣中提炼课程——教师是课程开发的主体，从教师的兴趣爱好出发开发课程是一条捷径，不仅能极大地调动教师的积极性，还能带来许多课程上的创新。社区教育涉及诸多专业领域，教师们在艺术、健康、信息技术等方面的兴趣、特长都可以开发为一个个社教课程。请看案例 3-2-3。

案例 3-2-3 “你好，南宋”课程

徐老师在社区学院负责学习平台运维与信息技术保障。他有一个很“高大上”的爱好——研究历史，尤其是对南宋历史非常着迷。他经常在院本培训上分享自己文史学习方面的所得，分享自己在上城人文行走的实践，并收获了一大批“粉丝”。徐老师深受鼓舞，逐步探索着把自己的想法变成一节节课，这些课程受到了社区居民的一致好评。

徐老师从此一发不可收拾，经过不断地探索，形成了很有影响力的系列课程“你好，南宋”，而徐老师，也把自己锻造成为了区域内有名的南宋课程专家。

（杭州市上城区社区学院）

第三，由专业中延伸课程——大部分教师在进入社区教育之前，都有自己的学科专长。从事社区教育后，如果放弃原有专业，这无疑是巨大的浪费。从自己的专业出发，对接居民的需求，往往能开发出受欢迎的社区教育课程。学科专业嫁接社区教育，能更好地服务社区居民。请看案例 3-2-4。

案例 3-2-4 “背包族英语”课程

俞老师原先在中学教英语，是个优秀的英语老师。进入社区教育领域后发现教学对象变成了最关心柴米油盐的老年群体，她觉得自己的英语专业似乎没有用武之地了。

后来她敏锐地捕捉到了社会变化：出国旅游的兴起、祖孙交流的需要、大型国际会议的举行等让市民学习英语成为风尚。

俞老师根据自身丰富的教学经验，推出以场景对话为主的英语口语教学课程，受到老年群体的欢迎，并形成了优质系列课程“背包族英语”。

（杭州市上城区社区学院）

2. 兼职教师的培养策略

兼职教师是社区教育的重要力量，其专业水平直接影响着社区教育的品质。培养兼职教师是上城社教的重要任务之一。

（1）优化队伍工程赋能专业化成长。

上城区社区教育委员会与区民政局等单位联合，依托终身教育券工程，针对社区文教干部为主的兼职教师，开展了“优化队伍工程——文教委员素质培养”培训课程。该课程从实际出发，注重实用性与趣味性相结合。

上城区通过社区教育工作经验交流、职业压力工作坊培训，推进培养兼职教师的职业精神。开设“社区居民学习共同体的培育”“上城区市民学习课程建设及案例讨论”“社区教育管理实务解析”等专题讲座，学习社区教育专业知识；与区关工委合作，阐释社区关工委工作的内容与形式、方法与途径，制订市五好关工委的实施办法等，使社区教育与日常工作有机融合；同时，采用专家讲座、案例分享、科研成果展示等形式，让理论与实践结合、项目与工作融合，注重提升兼职教师的研究能力。

此外，社区学院与上城区民政局共同研发了上城社工精英课程，开办了“上城区社区工作领军人才”培训班，采用理论讨论、模拟实训、情景代入、工作坊及成果展示等形式，启动社区代言人培养工程。

总之，优化队伍工程通过团队研修、主题培训等多样化培养路径，以专家引领的专题培训、项目实操，以及教学相长的沟通交流、实践分享，推进兼职教师实现系统、全面的专业素养提升，从而助力文教干部实现专业成长。

（2）研学一体培养机制赋能专业化成长。

以区域选拔获评“社区好老师”为主的兼职教师，具有草根性的特点。2016 年起，上城社区教育每年都会通过发掘、培育辖区内有一定影响力或一技之长的“草根能人”，颁发“社区好老师”荣誉称号，并将其纳入社教师资队伍。上城区通过核心价值引领、骨干教师指导、研修制度推进、教学任务驱动的“研学一体”培养机制，推动他们实现专业化成长。

首先是核心价值引领。“社区好老师”要纳入社教兼职教师资源库，其必备的核心素养之一就是热爱社区教育事业、有良好的思想道德、乐于参与教育公益、乐于奉献、有大教育观。这需要系统化的培养与培训。上城区编写了《“社区好老师”学习手册》，分发给“社区好老师”作为学习资料。手册汇入了社教纲领性文件，如《关于进一步推进社区教育发展的意见》《关于推进学习型城市建设的意见》等；编入了区域重要社教文件，如上城区《关于建设学习型城区的决定》《深化社区教育工作实施意见》《社区教育资源共享实施意见》《终身教育券实施办法》等；也纳入了诸如数字化学习、社区教育融入社会治理等主题的优秀论文。在此基础上，上城区不定期组织“社区好老师”开展专题研讨与主题学习活动，帮助“社区好老师”逐步树立社区教育事业的大教育观与先进理念。

其次是骨干教师指导。上城区拥有很多位社教优秀专职教师，被评为“骨干教师”的是其中的佼佼者。他们大多教育理念先进、教学经验丰富、专业技能扎实。而作为骨干教师的一项重要职责就是指导“社区好老师”。指导采用“一对二”或者“一对三”的形式，即 1 名骨干教师指导 2—3 名“社区好老师”。这种指导是扶助型的，从理念输送到教学指导、技能研磨，无所不包。这种指导也是个性化的，遵循“社区好老师”所擅长的专业课程、专业技能特点，针对“社区好老师”个性化问题，满足其个人发展需求。骨干教师与“社区好老师”还会组成学习小组、微信小群，从教学研讨到听课磨课，骨干教师既在各方面指导、帮助“社区好老师”，也和“社区好老师”教学相长、彼此学习与促进。

再者是研修制度推进。除了骨干教师个性化指导外，上城培养“社区好老师”还有一项打破个人学习模式的培养制度——定期研修制度，即把“社区好老师”成长纳入专职研学团队，通过两个月一次的定期研修，采用省级社教导师工作室的教学研讨、专兼职教师合作、专业技能研磨等模式，让“社区好老师”与社教前沿“亲密接触”。上城区还开展体验式、实践式学习，促使“社区好老师”了解社教领域的最新发展方向，更新自身的教育理念，提升其专业技能、教学能力。而在这个过程中，好老师之间、专兼职教师之间能互相分享专业发展、教学服务等方面的经验与成果，社区学院也能听取好老师们对区域社教工作、教师培养工作的意见、建议，利于今后社教工作的开展。

最后是教学任务驱动。从拥有一技之长的民间能人，成长为合格的“社区好老师”，能为居民提供优质课程及教学服务，这是一个持续历练的过程。其中，教学的引领、指导和课程的研磨必不可少，但最重要的还是在教学实践中逐步成长。每个“社区好老师”都承担着开课任务，日常教学中，先要明确教学任务。每一次确定教学任务之前，课程组老师（包括“社区好老师”）会根据不同教学对象、学习人群，设定教学内容、教学步骤，合理安排学习活动，预设学习效果与成果，有效提升课程的针对性、实效性。每一次完成教学任务之后，他们会一起讨论预设的教学过程、学习活动是否合理；预设的学习效果与成果是否达成；教学内容与教学方法是否应做调整，如何调整……以促进教学工作进一步发展、教学能力进一步提升。教学过程就是一个动态培养“社区好老师”的过程。

三、“社教好师资”培养效果

十多年来，上城区社区教育坚持专职、兼职教师队伍同步建设、融合培养，成效显著。优秀精湛的社教师资队伍推动了区域终身学习资源实现丰富性与多元化；“社教名师在身边”带动了更多市民学习成长；社教优质师资引领的数字化学习拓宽了市民的终身学习方式……社教师资不断优化引领市民精神共富，加速了“全民学习”时代的到来。

1. 破解需求之困——精品活动课程菜单丰富市民泛在学习

培养社教师资的过程中，更多家门口的优秀师资涌现了出来。2022 年，上城拥有社教专职教师 52 人，兼职教师 1882 人，作为师资后备和协助的志愿者 4604 人。他们带来的精品活动课程种类丰富、形式多样、内容充实，5 大类

290 个优质课程汇入“上城区社区教育精品活动课程菜单”，满足了居民多样化、多层次、多方面的学习需求，实现了泛在、可选的学习梦想。

每年，社教优秀老师进企业、学校、社区开展教育培训服务多达 2600 余场，受益人群近 10 万人次。

2. 破解师资之困——“名师就在我身边”福泽市民品质学习

上城区在培养社教好师资的过程中，吸纳了不同行业不同类型的能人贤士加入社教师资库，培育了众多优秀师资，社教师资库年龄层次更加优化，学科结构日趋多元（见图 3-2-3）。

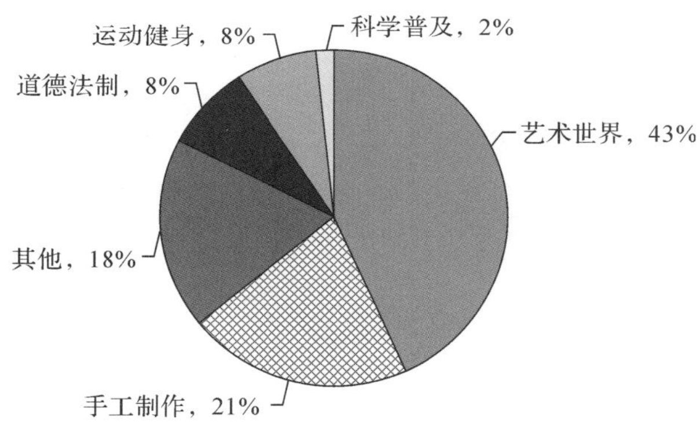

图 3-2-3　上城区“社区好老师”专业领域分布

优秀名师不断集聚，如国家级的社教名师就有陈明珠、吴莹、鲁立清、董利民等，这能更好地引领居民投入高品质的学习。这同时也推进了“15 分钟学习圈”的建设进程，满足了居民在家门口就能跟着名师学习的需求（见链接 3-2-1）。

链接 3-2-1
社区好老师

3. 破解疫情之困——线上教学引领市民精神共富

新冠疫情发生以来，社教老师积极响应“停课不停学”的号召，充分利用现代化信息技术手段，制作适合居民在家学习和实践的线上课程，形成了不同系列的微课，有防疫、健身、美食、家居、英语学习等系列课程。

上城社教微信公众号“微学通”及时推出了一系列的线上微课“每日一课”，这些社教老师持续创作的微课成为了市民精神共富源源不断的资源。其中，“食物保鲜的囤菜方法”“衣橱衣服巧整理”等微课因为选题实用深受大众欢迎。

疫情防控时期，“微学通”还推出了社教老师的每日直播课，面向全年龄段居民。直播课打破了线下班级学员人数制约，吸引了越来越多的市民加入触手可及的数字学习之中，有益于实现市民精神共富。例如九堡街道推荐的“社区好老师”董旭的直播课，每场学习“粉丝”达几千人。学员感慨：“疫情阻碍了我们出门学习的脚步，却阻拦不了我们努力成长的渴望。”

静心教书，潜心育人；敬业成人，精业成才。上城社教老师一直秉承着教育初心，传递着温暖的教育情怀。

面对上城居民蓬勃的学习热情，上城社区教育将不断创新，培养更多优秀的社教教师，为上城社教高品质发展、百姓学习与幸福指数步步攀升注入更有力的动能。

第三节
“终身学习电子地图”导航升级

⊙

上城社区教育紧跟时代步伐，直面居民诉求，通过“一图在手，全面呈现，智能导航”的形式满足广大市民自发的学习需求。这个“图”就是“终身学习电子地图”。

借助电子学习地图和市民智能化终端星罗棋布的市民终身学习体验基地，将使全域学习成为可能，助力泛在学习时代的到来。

一、破解困扰开新局：终身学习体验基地 + 电子学习地图

上城区每年开展市民终身学习体验基地评选，这是上城区开设终身学习课程、建设场地资源的重要内容，已成为上城全域实施终身教育的重要举措。

1. 破解学习场地困扰之区域层面

上城区场馆资源丰富，但存在“零落分布，辐射不广”“各自为阵，学习受

限”“门槛较高，望而止步”三方面问题。

针对上述现状，上城区从区域层面制订了推进场馆开展社区教育活动的措施与机制，市民终身学习体验基地评定制度也逐步形成，由此形成了场馆与社区教育共发展的局面。

2. 破解学习场地困扰之学习者层面

上城区的市民如何获得满足自己需求的学习资源信息？上城社教很好地解决了这个问题。请看案例 3-3-1。

案例 3-3-1　“终身学习电子地图”让学习点就在家门口

最近，家住皮市巷的方奶奶很开心，60 多岁的她笑着说：“自己又有学上了。”

前段时间方奶奶的一个邻居给她推荐了一张电子地图，上面一眼就可寻找到离家最近的终身学习体验点。方奶奶通过电子地图，最终选择了位于严衙弄的上城区社区学院，从家到学院走路大概 10 分钟。她报了一门智能手机课，几周下来还真学到不少。

方奶奶最近又有了学葫芦丝的打算，并想在学习地图上找一个学习点。她首先关注微信公众号“杭州上城社教”，在菜单栏点击“学习地图”，手机屏幕里就跳出了上城区现有的终身学习点。学习地图可以自动定位用户所在的位置，并智能地推荐最近的 10 个葫芦丝学习点供参考。

（节选自《杭州日报》2017 年 10 月 13 日报道《让市民学在家门口　上城指出“15 分钟学习圈”》）

案例中说到的“地图”是上城区市民“终身学习电子地图”（简称“电子学习地图”），它在上城区2017年全民终身学习活动周暨上城区第十四届终身教育节上正式亮相。

市民通过电子学习地图（见图3-3-1），可以搜索自己所需的学习内容信息。该地图以“就近优先推送”的原则，将体验基地（点），以及学习时间、路线等信息推荐给学习者，由此更好地解决学习者寻找学习资源的难题，实现“时时、处处、人人”可学、能学的目的。

图3-3-1　终身学习电子地图

二、布局全域绘蓝图：体验基地助推终身学习之上城实践

上城居民的学习需求日益增长，多元化、全域性的体验基地将助力上城社区教育实现全面发展。

1. 汇聚区域资源，构建多元化实体学习场地

市民终身学习体验基地是实现终身学习理念，广泛开展公民素养、人文艺术、科学技术、职业技能、早期教育、运动健身、养生保健、生活休闲等教育活动的场所。它可以是区域内已有的文化、体育等公共资源，也可以是在此基础上改建的、能够为社区教育提供学习服务的场所或场馆。

上城区从2017年9月开始，经过4批评选，认定区域内48家单位为“上城区市民终身学习体验基地”。在未来的3—5年里，上城区还将认定150个基地，以满足区域内14个街道居民的学习需求，助推美好社区教育。

上城区已认定的基地主要分为以下七种类型（见表3-3-1）：

表 3-3-1 上城区市民终身学习体验基地类型

序号	基地类型	基地名称	基地特色与效应
1	非遗民俗学习体验基地	一新坊、胡庆余堂中药博物馆、浙江朱炳仁铜雕艺术博物馆等	活动品牌化，有丰富的体验内容及内涵，传承传统文化与匠心精神
2	红色文化学习体验基地	红色港湾、红巷生活馆、中国社区建设展示中心、杭州笕桥抗战纪念馆等	发挥红色文化资源品牌辐射效应，培育和践行社会主义核心价值观
3	邻里文化学习体验基地	在水一方社区综合文化中心、馒头山邻里中心等	创设邻里和谐共学氛围，推进邻里自治互助风尚，促进基层社会治理
4	科学普及学习体验基地	杭州气象科普馆、上城消防馆、彭埠街道禁毒科技体验馆等	感受、体验身边的科学，推广科普知识与理念
5	书香文化学习体验基地	杭州图书馆生活主题分馆、杭州解放路新华书店、杭州书房、杭州书房植书+（职工书屋）等	感受阅读趣味与意义，推进全民阅读，提升综合素养
6	南宋文化学习体验基地	杭州西湖国学馆、杭州市方志馆、杭州海塘遗址博物馆等	走近国学，走近上城独特的南宋文化，感受中国传统文化精髓
7	乐龄文化学习体验基地	湖滨家园、瓦肆学院、吾和家美好生活馆等	拓展乐龄人群学习内容与模式，实现社区教育与老年教育有机融合

2. 完善区域布局，形成合理化场地资源覆盖

2021 年上城区完成了区划调整，基地建设的任务也从未停止，目前基地已基本实现了区域全覆盖。上城计划再经过三年一轮的基地建设，使全域体验基地分布更为均衡与合理。

总体来看，上城区市民终身学习体验基地布局合理、初具规模，基本可以满足广大市民就近学习的需求。

三、落实“五零”提标准：体验基地满足全民学习需求之上城探索

开发电子学习地图，实现市民终身学习体验基地资源数字化，这是上城区已经完成的实践脚步。而真正要做好终身教育，还得在深化教育服务上“做文章”。当前，体验基地从五个“零”的标准入手，让更多市民体验到家门口的美

好教育，案例 3-3-2 就是实践中的一个例子。

案例 3-3-2 撒下热爱与传承中医药文化的种子

胡庆余堂中药博物馆是中国首家中药主题博物馆，为国家重点文物保护单位，博物馆集中药起源、陈列展示、手工作坊、营业大厅和保健诊疗五大部分，展示了大量的中药传统制药器具及上万种中药植物、动物、矿物标本，享有“神奇的科学殿堂，灿烂的医药文化”之誉。

作为上城区市民终身学习体验基地，博物馆也携手上城社区教育组织、策划、开展了各类公益性的亲子活动、青少年活动、中老年体验活动，让更多人了解、喜爱中国传统中医药文化。

中医药文化博大精深，为了避免市民感到学习枯燥，这些活动都经过精心设计，并配备了专业的引领者。例如针对青少年开展的“中医药趣味之旅——拥抱春天 巧手添绿”活动，引领者运用数字化媒体生动展示中医药基础知识，带着孩子们在博物馆内一起探秘神奇的植物药材，在馆内生机勃勃的“百草园”中找寻看似普通、实则隐藏特殊身份的中药材。在充满生机的春季里，引领孩子们用稚嫩的小手播种下一抹绿色，也撒下热爱与传承中医药文化的种子。

（胡庆余堂中药博物馆）

1.“零门槛”的海量学习活动

许多市民终身学习体验基地的活动蕴含着丰富的专业知识，对于广大市民来说较难理解与掌握。基地常常通过寓教于乐的形式与专业的志愿者队伍，把海量学习内容“零门槛”传递给市民，让更多市民有所学、有所获。例如杭州市气象科普馆常年配备受过专业训练的志愿者讲解员，通过互动游戏、模型展示、虚拟演示等形式，帮助市民尤其是孩子了解气象科学和防灾减灾知识，深受大家欢迎。

2.“零起点”的准入学习模式

许多市民终身学习体验基地里传授的知识与技能专业性比较强。为了让学习者更好地掌握这些知识技能，基地往往放低学习起点，从学习者视角出发设计学习过程和活动方式，让学习者满怀信心与兴趣参与到学习中来。例如上城区消防体验馆将自救、防护的专业知识融入各种生动的场景与游戏中，从“零起点”出发以提高市民的生存技能，受到了广大市民的热烈响应。

3.“零费用”的学习支出清单

有些场馆影响力较大，门票难以预约。但当它们成为市民终身学习体验基地后，很多活动都成为了面向公从的公益活动，例如一新坊的“四季染”老年居民非遗体验、西湖国学馆的亲子诵读活动等，让市民享受到“零费用”福利，获得满满的幸福感。

4.“零距离”的学习环境体验

有些市民终身学习体验基地，与居民日常生活的联系更为紧密，居民在这里学习，也在这里交流、交友、交心。这些基地，更多意义上是居民们的“心灵港湾”“精神家园”，实现了心理零距离，例如馒头山社区邻里中心。

“一部杭州史，半部在上城”。如何引领上城居民走近这些历史文化，体验、感悟、传承、创新？许多市民终身学习体验基地从环境布局、内容编选、展厅布置、讲解安排、活动设计等各方面，都做了精心设计，努力拉近学习者与历史文化之间的距离，让人们与历史有跨越时空的“对视感”，从而更好地学习、更深地领悟历史，实现与历史零距离（见链接 3-3-1）。

链接 3-3-1
杭州海塘遗址博物馆

5.“零壁垒”的技术资源助力

截至 2022 年底，电子学习地图录入了上城 569 个学习点的详细信息，并做到时时更新，实现了市民获取信息“零壁垒”。

电子学习地图实现信息技术零壁垒。只要想学，随时可以通过杭州上城社教微信公众号“微学通”，进入“学习地图”，获取所需要的学习场地资源及相关信息。未来“微学通”还将推出“市民体验基地”专栏，可以通过“云端”游览部分基地场馆，借助信息技术的力量，让更多市民享受到身边的终身学习资源。

电子学习地图实现人员流通零壁垒。在上城，只要居民有学习意愿，都能从电子学习地图上获取相关的学习信息，报名或者直接参与基地的相关体验活动。这解决了居民能不能学、到哪里学等顾虑，既方便了居民，也进一步促进了区域社区教育的发展。

电子学习地图实现项目互通零壁垒。在上城，参加学习活动后，学员可以随时在活动页面留言，提出进一步学习的要求。基地的一些学习活动与学习项目，在条件允许的情况下都可以在不同场地开展。基地之间犹如一个大家庭，很多特色项目、热门项目，都已在不同基地间流通，从而覆盖全域，更好地满足广大市民的学习需求，体现了上城社教“民呼所学，我应所教”的理念。

四、共享地图显成效：体验基地助力全域学习之上城样式

市民终身学习体验基地是社区教育的重要载体之一，是社区教育委员会成员单位通过共建共享区域场地资源的形式，共创而成。

电子学习地图则对接多元需求，进一步推进了基地的应用，实现了教育扩容，从而更好地服务市民，并为全域推进“15 分钟市民学习圈”打下了坚实基础。

1. 全域联动，共建场地资源全

从 2017 年开始，上城区每年都通过社区教育委员会（以下简称“社教委”）下发《关于认定上城区“市民终身学习体验基地”的通知》，成员单位结合辖区内场地资源情况与开展社区教育活动情况，实施推荐工作，经社区教育委员会办公室组织专家考评认定、考察，在当年的“上城区全民终身学习活动周开幕式”上进行基地授牌仪式，推动全域联动共建场地资源。

2. 全域互动，共享活动形式多

如何让基地动起来？如何让市民走进基地？上城社教进行了不懈的努力。

第一个措施是基地联动，全域覆盖。

电子学习地图已升级至第二版，功能日趋完善。为了提高地图知晓率、使用率，围绕市民终身学习体验基地，上城开展了多项活动。例如“一图在手 享学不愁 跟我走吧——上城‘电子学习地图’体验基地之旅”活动（见链接 3-3-2）。这是一个大型的系列化活动，立足基地不同特色，针对不同年龄群，以家庭为单位，开展“行之旅”“美之旅”“阅之旅”“育之旅”等主题活动，寓教于乐，引领居民享受学习之旅。

链接 3-3-2 “一图在手 享学不愁 跟我走吧——上城‘电子学习地图’体验基地之旅”活动邀请函

通过此次活动，居民体验到了电子学习地图“找得到、找得准、找得好”的良好效果，电子学习地图得到了进一步推广。而参与此次活动的基地，结合自身特色开设学习项目，满足了市民多元的学习需求，也宣传了基地文化。市民有了获得感，基地也有了成就感。

第二个措施是人员互动，全域活动。

市民终身学习体验基地之间，常以主题活动为主线，设计有分有合的学习活动，通过参与市民的打卡学习，将各基地联系起来，由市民自主选择，实现“基地全体参与，人员全域活动”。

例如，2022 年寒假和暑假，上城区社教办联合辖区各市民终身学习体验基地，开展了“亲子体验基地游”打卡活动。在全民防疫与“双减”背景下，为辖区内青少年家庭提供了一批可学可玩的场馆，以亲子体验游的形式，由亲子家庭自主选择基地打卡，参观游览、走访学习、获得积分，这丰富了青少年的假期生活，深受大家欢迎。

3. 全员例会，工作研讨模式好

上城区市民终身学习体验基地工作正在持续推进中，每年都会召开基地联络员例会。会议由回顾总结、分享研讨、规划展望三部分组成，每年在不同基地开展，让基地同行能够交流学习，不断提升工作品质，从而更好地为广大市民服务，也能进一步推进各基地的彼此合作和可持续发展。

4. 全域协同，引领示范效应广

上城区市民终身学习体验基地在上城区社区教育委员会的规划与指导下，在各成员单位的通力合作下，不断向前、向深处延伸。

在全区 48 个已认定的基地中，上城社教根据基地特色、服务人次与服务对象满意程度，评定了一批示范基地，宣传其做法、成绩，引领基地发展的方向。在这些基地中，有 5 个被评为“浙江省市民终身学习体验基地”，有 2 个被评为“长三角市民终身学习体验基地”。

依托市民终身学习体验基地，上城社教联动机制日益完善，夯实了服务全域居民的基础。

依托市民终身学习体验基地，多方资源整合融通，同建共享品质上城，让老百姓在家门口就能享受到优质的教育服务。

第四节 学习共同体促进生命成长

⊙

学习型社会是时代发展和社会进步的产物。

在上城，学习蔚然成风，一个个学习共同体如星星般闪耀在各社区，居民在学习中得到知识，掌握技能，展示自我，丰盈精神生活。

一、社区学习共同体的核心特点

社区学习共同体（简称“学共体”）是“生活在社区的居民由本质意志主导的，因共同学习而结成的能实现人的生命成长和建立守望相助关系的群体”。

我国社会环境下的社区学习共同体兴起于 21 世纪初，社区学习共同体成员真正的、持续性的动机，源于积极的情感分享体验和社区归属感。在上城，社区学习共同体数量繁多，形式丰富多样。但它们大多具有以下相同的核心特点：

1. 发乎自觉

“发乎自觉”就是有自觉结成团队共同学习的强烈愿望和学习形态。这是社区学习共同体成员的美好学习状态，更是其源源不断的学习动力。社区学习共同体作为终身学习的一种形式，老幼皆学，突破年龄界限，以学习者接受知识、技能的起点为考量，每个学习成员都有自己的意愿、进度、目标。这种学习形式往往放弃了学习的工具属性，以滋养心灵为根本。对社区学习共同体成员而言，主动积极地享受学习是他们的心灵默契。请看案例 3-4-1。

案例 3-4-1　看，那一群环保达人

“赵建荣环保工作室”成立于 2014 年，是近江西园社区影响力很大的学习共同体，也是坚持最久的终身学习品牌项目之一。依托社区、社会组织资源，工作室不断丰富学习内容和形式，逐渐吸引、带动更多的居民参与社团共同学习，普及绿色理念，倡导绿色生活。

2012 年，看到小区杂物乱堆引发居民吵架，赵建荣就琢磨着成立一个“家绿环保推广中心”，约上三五个志同道合的朋友，一块儿整理小区垃圾，推广环保理念。在他们的带动下，慢慢吸引了更多周边居民参与进来，规模越来越大。2014 年，以家绿环保推广中心为基础，成立了“赵建荣环保工作室”。

工作室有 40 名成员，年纪大的有 80 多岁，年纪轻的也有 60 来岁。大家都是基于“终身学习 · 绿色家园 · 服务大家”的理念走到了一起。在学习与环保活动中，工作室成员们积极参与，互相帮助，互相激励。哪怕是在疫情期间，成员们也通过微信群等形式进行环保方面的学习和交流。在学习中实践，在实践中学习，大家逐步提高，变成了环保达人。

（杭州市上城区望江街道近江西园社区）

上述案例展现了社区学习共同体的标志性特征——成员皆“志同道合”，他们虽然有不同的年龄、身份，却有着共同的学习愿望或兴趣爱好，从而自发自觉地加入团体中。这个学习的动机是内驱力，学习过程就是快乐成长的历程。在社区学习共同体中进行学习，收获的不仅是知识和技能，还有学习过程本身所产生的愉悦体验、超越自我的人生张力。

2. 过程自治

“过程自治”是指社区学习共同体成员是学习的主人，学习的目标、内容、方式都由他们自己确定，围绕核心成员，分配各项团体任务。在实际社会环境中，“过程自治”主要表现为学习上的“守望相助”，成员们在自主学习的过程中，抱团取暖、相互关怀、彼此支持。请看案例 3-4-2。

案例 3-4-2 心灵与身体的共行

九堡街道“文化走读”学习共同体的成员，有公务员，有教师，有企业人员，有私营业主，有自由职业者，也有退休人员，他们因为共同的兴趣和爱好，坚持每月至少 2 次的学习活动。

从最初的领队带领大家走读，渐渐地，大家一起策划走读线路，确定走读重点，根据各自的兴趣和手头的资源分头找材料，做好准备工作。

团队通过深度发掘杭州的历史人文典故，结合当前的“宋韵传世工程”，设计形成了几条文化走读线路，让千年宋韵在新时代“流动”起来：有弘扬爱国主义的“皋亭风骨”；有传承传统文化的“龙山和韵”“玉皇拾遗”“凤山怀古”“吴山揽胜”；有感受南宋品质生活的“宋瓷雅趣”“宋食寻味”。

每一次活动的策划，全体团队成员都积极参与，有些热心成员还会把自己看到的与走读活动有关的材料发在群里，供团队参考。团队形成核心骨干成员队伍，他们全程参与策划、查找资料，还做起了走读导师。

全体团员还为团队的发展描绘了蓝图：他们不但自己走读，还把走读的线路整理出来，形成系列，附上导读地图，配上文字解说、轨迹图，甚至做好出行的公交乘坐攻略，方便需要的人；利用抖音等平台做直播，加大辐射范围；把导读视频拍下来，做成微课进行多方推送……让团队的走读活动发挥最大的社会效益。

（杭州市上城区九堡街道）

社区学习共同体成员不仅学习知识技能，更在平等互爱中携手前行。正如上述案例所显示的那样，社区学习共同体最大的魅力就来自成员之间和谐亲密、相互扶持、彼此相依的关系。在自主、自治的学习过程中，成员们更能表现出人性的淳良和追求完美的能力。面对现代社会的高楼大厦，社区学习共同体成员之间那种浓浓的温暖、舒适与互助特别吸引身边的人们。

3. 互为师生

社区学习共同体以社区为地理范围，将有共同学习爱好的人以自发形式或社区公益招募形式汇聚在一起，其年龄、身份、学识、能力往往各不相同，这就为“互为师生”创造了条件。社区学习共同体的学习活动是生动活泼而多变的，在不同的学习情境中，师生身份可以互换，这就最大限度丰富了教育资源供给，也最大程度发挥了人的专业潜能。社区学习共同体成员中人才济济，在共同的兴趣爱好、和谐的群体关系下发挥着自己的优势与长处，其成长轨迹就会很明显，并可能成为各级各类学习活动中的“领航者”。请看案例 3-4-3。

案例 3-4-3　阅读享乐趣　亲子共成长

爱心树亲子成长营成立于 2017 年 4 月，起初名为“上城故事妈妈之家”，主要成员有 6 位，主要活动就是开展公益亲子故事会。到了 2018 年底，更名为“爱心树亲子成长营”，并提出“享受阅读乐趣，促进有爱关系”

的服务宗旨。截至2022年，共有成员36人。在核心成员的带领下，亲子成长营每位成员秉承着共同的阅读学习理念，有问题在探讨中解决，组成了一个和谐的、共同成长的大家庭。

亲子营从成立以来，采取了线上线下相结合的办法。每月开展线下活动两次，每周进行线上交流，线上微信群中每天分享阅读方法、阅读技巧。成员间平等互助、彼此学习。

为了丰富活动形式，亲子成长营从场地、活动形式、多媒体技术上进行拓展。比如场地有室外场和室内场，从社区活动室到书城，从户外草坪到博物馆等，从情境上创造阅读氛围。比如活动形式，不仅仅定位在讲故事，还有做手工、学诗词、认字、小实验等，灵活多样，吸引小朋友参与。长于不同项目的成员担任主要负责人，帮助其他成员共同提高。多媒体方面，引进动画、游戏、小视频等作为辅助，增加学习效果。成员中的多媒体高手大显神通，手把手地指导其他成员。

为了可持续发展，团队成员商量制定了一套自主管理的办法，包括活动纪律、团队分工、资金筹备方法、场地选择原则等。两年多下来，亲子成长营这棵爱心树已经枝繁叶茂，成为大家的心灵家园。而许多成员也成长迅速，成为许多学校、街道社区开展亲子活动的“主力队员”。

（杭州市上城区紫阳街道）

就像上述案例一样，社区学习共同体颠覆了传统意义上的“师生”关系，也打破了“课程”“教室”等常规学习的限制。其学习可以发生在任何场所，也不限于按照课程开展学习，师生不断“切换”，特长得以展现，其自由与灵动，也成为吸引居民参与的重要元素。

4. 生命成长

社区学习共同体带给成员最大的收益是对待生活的积极变化和学习带来的生命成长。所谓“生命成长”，是人作为人并能成为有独特个性的人的历程，心性的澄明和潜质的开发是生命成长的两个维度，社区学习共同体正是实现学习者生命成长的田园，其学习活动过程正是自我肯定与自我实现愿景的实践过程。请看案例 3-4-4。

案例 3-4-4　感受激情、喜悦与自豪

南星街道美政桥社区“七彩美政”学习共同体成立于 2000 年，由 10 多位喜欢舞蹈、唱歌、健身的退休阿姨组成，她们有着共同的兴趣爱好和学习需求，从学习广场舞、木兰拳、腰鼓舞、健身操到自学自编自演歌舞节目，每年参加社区、街道、区里的文艺演出 10 余场。

每次学习排练，队员们都认真对待，早早赶到社区的活动室，换好服装，做好各种准备。排练过程中，大家认真学习，相互鼓励。

舞蹈队队长翁燕虹平时负责联络团队成员排练和组织安排大家参加各类文艺演出等。翁阿姨说：“那么多年，我们一直坚持每周唱唱歌、跳跳舞，锻炼身体，玩得也开心，队友们比亲姐妹还要亲。更重要的是，在排练中我们感受到自己的活力与激情没有因为年龄增长而减弱，在演出中我们感受到了服务社会的喜悦与自豪。”

（杭州市上城区南星街道美政桥社区）

正如上述案例所述，在共同的信念和价值取向下，在趋向本真的学习活动中，社区共同体成员激发了生命本身的创造力，充分体现了学习的生命性价值。在他们的心目中，学习是根本，是过程，是目的，更是积极向上的生命姿态。

二、社区学习共同体的培育策略

多年来，上城社区教育通过培育社区学习共同体的实践研究，积累了丰富的经验，探索出了区域社区学习共同体培育的五大策略。

1. 发掘植入型培育策略

该策略是对原有的民间社团加以发掘和引导，在共同愿景下，植入“学习”因素，挖掘文化内涵，营造学习氛围，通过整合、融入等方式，增强民间社团的学习性，形成心理契约，提升社团学习品质，逐渐引领其成为社区学习共同体。案例 3-4-5 中的火棒操队就是在这一策略引领下发展起来的。

案例 3-4-5 火棒操队——健康老人来健的“绝活”

小营街道葵巷社区有一位小有名气的健康老人，名叫来健，是中学退休体育教师，今年已经 93 岁。来老师健康长寿的秘诀是每天清晨和下午都坚持锻炼一个小时，锻炼的内容就是他的自创绝活——火棒操。

社区火棒操队最初的组建并不顺畅，由于居民们对火棒操不了解，只有少数居民来学习，人员流动快，关系淡漠。社区学院的老师深入火棒操队，与来老师多次交流，了解到火棒操的精髓，向居民介绍火棒操健身的好处。经过宣传展示和氛围营造，社区居民纷纷加入其中，自发成立了火棒操健身俱乐部，定期开展活动，并自发学习研讨火棒操的历史。

在社区学院老师的指导下，由来老师领衔，队员们将几乎失传的火棒操收纳整理，自创教材，使火棒操得到了传承。2013 年，火棒操健身俱乐部代表上城区参加了“新天地杯”杭州市第十八届运动会开幕式表演。火棒操走上了舞台，广为传播，服务市民，强身健体。93 岁高龄的来老师也实现了将火棒操发扬光大的心愿。

（杭州市上城区小营街道葵巷社区）

2. 需求连结型培育策略

该策略是引导区域内有共同爱好又想学习的人们自发组织学习共同体，同时，积极发掘区域内的能人志士，进行牵线搭桥，连结需求，让能人志士发挥“核心”作用，引导学习共同体良性发展。案例 3-4-6 中的西湖元音琴友会就是这样一个典型的例子。

案例 3-4-6　传续千年雅乐　构建精神家园

西湖元音琴友会于 1986 年由西湖琴社组织发起，“元”取自重振浙派第一人的徐元白先生之名，旨在为古琴艺术爱好者提供交流学习平台，打造传统文化爱好者长久的精神归属之地。同时，以弘扬浙派古琴艺术为代表的国音雅乐为己任，推动古琴艺术走出国门，让世界听到属于中国的声音。

西湖元音琴友会在会长徐君越（徐元白之孙）的带领下，沿袭西湖月会传统，定于每月第一个周五晚上进行琴友会内部学习、研讨活动。

琴友会还不定期举行雅集，本着“开放包容、惠及大众”原则，吸引了数以千计对民乐感兴趣的人来参加。琴友会经常与国内各流派兄弟琴社交流切磋，作为 G20 国际访问点和最具品质体验点，还每年接待很多来自世界各地的古琴社团、音乐爱好者、琴友。

西湖元音琴友会的成立与发展获得了上城区社区学院清波分院的大力支持，从推动组建琴友会，到帮助琴友会进行宣传推广，让大众了解元音琴友会，促进古琴文化的传播。街道朱委员和文化站王站长、劳动路社区党委韩书记也经常指导琴友会活动，劳动路社区和清波街道更是经常组织居民参加琴友会雅集，以实际行动支持和保障琴友会活动的开展。

（西湖元音琴友会）

3. 领袖成长型培育策略

社区学习共同体的核心人物，被称为“核心成员”，核心成员的素质决定了共同体的生命力。组织核心人物专题学习，对其进行培训和指导，培养公益心，激发热情，提升凝聚力、组织力、协调力等综合素质，使之成为共同学习的召集人、设计师和引领者，增强学习共同体的凝聚力，是共同体培育的重要策略。请看案例 3-4-7。

案例 3-4-7 “涌金杨丽萍”——学共体核心成员张建安

成立于 2016 年的涌金门社区“岁月无限”舞蹈队，以热爱舞蹈的张建安为骨干，截至 2022 年，成员由以前的十几个人增加到 36 人，大多是辖区内的企退人员，平均年龄 56 岁，大家一致的爱好就是跳舞。

共同的爱好与兴趣让她们走到了一起，湖滨街道为她们提供了排练的场所。每周三上午，张建安老师与她们相约湖滨家园，共同学习，一起进步。队员们非常享受舞蹈带给她们的快乐，舞蹈技能也越来越出色。

为了提升张建安老师的舞蹈专业素养，社教老师安排她参加了培训，聘请老师对她进行专业指导和学习共同体建设指导。

大多队员都没有舞蹈基础，为了提高大家的舞技，张建安老师自创了带有身韵气息的热身操，带领大家训练，深受队员们的喜爱。而这，得益于她常年不断参加的专业培训。

经过几年学习，“岁月无限”舞蹈队已经成为一支非常出众的队伍。而作为核心成员的张建安老师的素养也在不断提升。杭州生活频道还专门采访过“岁月无限”舞蹈队，张建安老师也被亲切地称为“涌金杨丽萍”。

（杭州市上城区社区学院湖滨分院）

4. 项目引领型培育策略

该策略鼓励社区以项目实验促进学习共同体的内涵发展、科学发展、智慧增长。通过对实验项目的实践研究，探索居民学习共同体的发展路径，逐步引导居民从自发到自觉，在合作、开放、平等、互助的原则下自由、自在、自治地进行团队学习。案例 3-4-8 就给我们讲述了一个项目引领下的学共体成长故事。

案例 3-4-8 农耕明星——菜篮子文化学共体的生长之路

彭埠街道王家井社区在从前是地地道道的“菜篮子基地”，由于良好的农耕文化基因和居民的学习热情，社区积极打造菜篮子文化特色，并形成了实验项目“菜篮子特色文化建设”。

在项目引领下，社区菜篮子文化学共体——菜篮子传习社于 2019 年 10 月成立，截至 2022 年，有固定成员 25 名，业余成员上百名，学习成效和影响力极大（见链接 3-4-1）。

（杭州市上城区彭埠街道王家井社区）

5. 互助联动型培育策略

该策略着重于建立社区学习共同体培育的互助联动机制，在一定区域内搭建平台，鼓励交流研讨，分享学习成果，并进行不同形式的组合联动。通过共同学习、共同研修，跨越社团的文化界限，分享优质的学习资源，提升学习共同体建设的内驱力。案例 3-4-9 就是该策略的实践之一。

链接 3-4-1
菜篮子传习社

案例 3-4-9 多元互动——促进学共体成长的有效法宝

采荷金石篆刻工坊成立已有 13 年，成员先后达 150 多人。2011 年 5 月，工坊授牌成为全国首家西泠印社书画篆刻学院（校）社区教育点。该学共体自成立以来，举办西泠名家讲堂、金石文化沙龙、篆刻雏鹰夏令营、金石书画展等活动，并成功举办了杭州市首届市民篆刻擂台赛。

上城区每个社区都有社区学习共同体，区域内很多学习共同体具有一定的相似性，都可以借鉴采荷金石篆刻工坊的成功经验，“搭建互助互学平台，开展联动分享”，具体有以下两种实践。

一是分类互助联动。艺术类、文体类、读书类、手工类、活动类五大类学习共同体，由社区学院牵头，不定期进行分享展示交流，促进相互学习。

二是区域互助联动。由社区文教委员牵头，组织社区内的学习共同体交流分享；由街道社教干部牵头，组织街道内多社区的学习共同体交流分享。同时，也可以互相组合，两三个社区联动或两个街道联动，通过不同的组合方式，搭建众多学习交流平台，推进学习共同体的健康发展。

（杭州市上城区社区学院）

三、社区学习共同体的自然演进

社区学习共同体是建成学习型社会、实现终身学习的真实模型，是人类在社会化生活中探索自我、实现自我的极佳方案。

上城区社区教育通过社教三级网络，加大社区学习共同体的培育力度，倡导学共体自主良性生长，鼓励学共体成员终身学习，实现“有学、易学、乐学、优学、享学”五学目标。

截至 2022 年，上城区已有 60 余个社区学习共同体获评“杭州市示范性学共体”，景新书画院、菜篮子传习社等被评为“杭州市最佳学共体”。

社区学习共同体在经历启动、发展、成熟后，必将从“向内而生”层面，逐步向“向外生长”服务社会治理、体现团体价值的层面发展，从而结出由学共体发展而来的硕果——终身学习品牌项目。

随着共同富裕时代的到来，共同学习、相互成全逐渐成为人与人相处的美好形态，社区学习共同体也必将进一步成为社区教育乃至社区生活中亮丽的风景线。

参考文献

［1］钟小琳，项洁月，俞晓芳．学习型城市背景下区域“社区好老师”机制的实践

研究［Z］.

［2］詹萍 . 探索社区教育专兼职教师培训策略的研究［Z］.

［3］周剑 . 基于课程开发的提升社教专职教师专业能力的实践研究［Z］.

［4］周剑 . 三会一实践 社教天地宽：社区教育专职教师专业发展路径的实践研究［Z］.

［5］李红 , 黄海平 . 教师培训模式的新构想 : 学、研、实践“一体化”［J］. 教育与职业 ,2010(02):47−49.

［6］张永 . 社区教育内涵发展论［M］. 上海 : 上海教育出版社，2018.

［7］林眉 . 市民终身学习体验基地的建设现状与路径创新——以温州为例［J］. 宁波广播电视大学学报 ,2019,17(02):6−10.

［8］周嘉方 .“终身学习体验基地 : 上海市民学习路径创新”研究报告［J］. 江苏开放大学学报 ,2016,27(03):30−38.

［9］张倩 . 体验学习在社区教育发展中的实施现状与对策研究［D］. 上海：上海师范大学 ,2019.

［10］马林 , 曾慧 , 李婧 . 多方协同视角下建设老年体验学习基地的路径——以广州南沙区疍家水乡文化老年体验学习基地为例［J］. 教育观察 ,2022,11(08):12−14.

［11］张欣 . 上海市民终身学习体验基地发展研究［D］. 上海：华东师范大学 ,2016.

［12］汪国新 , 项秉健 . 社区学习共同体［M］. 杭州 : 浙江大学出版社 .2019.

［13］汪国新 . 社区学习共同体发展的杭州实践与展望［J］. 高等继续教育学报 ,2021,34(06):50−55.

［14］孙培东 , 张婷婷 . 社区学习共同体的培育和发展策略［J］. 继续教育研究 ,2022(05):16−20.

第四章
深情传承，点亮全域特色的社教文脉之光

东南形胜，三吴都会，钱塘自古繁华。

杭州市上城区，历史文化底蕴深厚，是吴越文化、南宋文化、钱塘江文化的重要承载地，是南宋皇城大遗址的所在地，拥有全市超过一半的历史建筑、历史地段、历史街区和各级文保单位，可谓文脉深广、文气充沛。

南宋古都，皇城根下，从非遗传承，到红色根脉弘扬，世世代代生活在这里的人们，给后代留下了层出不穷的文化遗产。

如何把丰厚的历史文化活化于我们的生活、绵延于我们的子孙后代？上城社区教育，承担着“深情传承，点亮全域特色的社教文脉之光”的历史重任。

第一节
小营红巷传红韵

⦿

上城区小营街道，红色文化底蕴深厚，红色资源丰富。由小营巷、方谷园、皮市巷构成的小营地区的红巷概念日益兴起。

2016 年，《教育部等九部门关于进一步推进社区教育发展的意见》明确指出：“鼓励各地结合当地历史、人文资源和经济发展状况，因地制宜、因势利导开展社区教育活动。”

小营街道充分发挥红色场馆在社区教育中的作用，激活红色记忆，发扬红色传统，传承红色基因，让每一处红色场馆都成为精神地标，弘扬特有的“红巷精神”。

一、追源：牵手红巷

小营红巷西起马市街，东至直大方伯，南到方谷园，北达清吟街。红巷包含了浙江省第一个党小组诞生地、浙江省第一个团小组诞生地、中共杭州小组纪

念馆、毛主席视察过的第一个城市居委会、钱学森故居、郁达夫故居等党史学习教育基地，历来是红色文化的聚集区。

小营街道拥有国家AAA级景区、浙江省党史学习教育基地、浙江省爱国主义教育基地、杭州市最具品质体验点、杭州市青年干部成长教育基地、杭州市“红绿蓝”三色现场教学基地、杭州市委党校现场教学点等称号。

小营街道以红巷为基地，将红色资源串珠成链，建设红色教育阵地，逐步将其打造成一条独具特色的“红色文化走廊”，为市民朋友提供了丰厚的精神食粮（见链接4-1-1）。

链接4-1-1
小营红迹

二、塑今：红色传承

红色资源是鲜活的历史，承载着我们党为中国人民谋幸福、为中华民族谋复兴的初心和使命，凝结着党在百年奋斗历程中薪火相传的红色基因。

2011年7月，习近平同志复信小营街道小营巷社区党委，对社区发生的新的可喜变化给予充分肯定，并鼓励小营巷社区党委珍惜荣誉，再接再厉，以建设中共杭州小组纪念馆为契机，充分发挥党史学习教育基地和青少年爱国主义教育基地的作用，切实加强社区党建工作，把社区建设得更加美好。

1. 场馆运用

小营街道将传承红色文化与开展社区教育结合起来，把红色文化融入社区教育系列专题之中，发挥社区教育在红色文化传承中的作用，使红色基因焕发出时代光芒，从而有效实现小营街道红色文化创新性发展。

在空间上强化功能整合。构建起“一核心六馆”的文化综合体大格局，以红巷文化综合体为核心，在地域范围内串联毛主席视察小营巷纪念馆、中共杭州小组纪念馆、爱国卫生纪念馆、钱学森故居、郁达夫故居和龚自珍纪念馆等爱国主义教育基地。在场馆布局中整合钱学森航天（科普）图书馆、红巷大礼堂、电子阅览室、健身棋牌室、青少年俱乐部等科普文化活动阵地，并统一配备管理中心、游客中心、第三方运营中心，实施专业化接待讲解服务、物业管理服务、场馆运营服务，最大程度整合阵地功能。

区域红色教育作为一项系统工程，是加强新时代公民道德教育的有效途径，是传承红色基因、落实立德树人的根本任务的重要途径，需要政府、社会的协同推进。仅2020年，红巷就累计接待学习团队430批、15996人次，开展大型文化活动238场，服务68032人次。

在时间上实现全民共享。为解决红巷有限的文化服务场地与群众巨大的文化生活需求之间不平衡的矛盾，街道创新场馆运营模式，委托第三方社会组织“亲民社会工作服务中心”，对红巷文体活动中心进行统一运营托管。以社区为单位，精准聚焦居民差异化的文化活动对场地空间、时间跨度和舞台设备的不同需求，并结合各社区团队和居民报送的每月活动计划，定制红巷文化菜单月报表，以确保12个社区的文化活动在红巷的全时段平衡覆盖。目前“一核心六馆”每周开放超过49小时，其中错时开放时间已达三分之一，让不同层面的居民都能够在家门口感受丰富多彩的基层文化生活。

在运营上倡导自我服务。在对文化阵地的运营管理上，联合亲民社会工作服务中心，共同打造依托居民服务自治为核心的“志愿时”文化共建模式。以各支文化团队为单位进行登记，义务向红巷文化活动中心提供场馆环境清洁、秩序维护、文明引导和青少年文化宣教等志愿服务内容，根据志愿服务情况配比相应的“志愿时”作为奖励。团队成员参与志愿服务累计获取的“志愿时”，可用于向亲民社会工作服务中心换取场地和设备使用权，或邀请讲师授课等额外服务，从而激发社区文化团队实现自我服务、共建共享的内在动力。目前红巷已成功培育370余名志愿者，每年积累“志愿时”1500余小时，成为红巷文化活动中心日常运营管理的重要力量。

小营红巷建立起突破学校围墙的社区教育学习新场所，形成了居民家门口的“学校”，打造了一个共同学习、增进交流、促进友谊的平台，满足人民群众对红色文化教育、党性修养教育、革命传统教育等的多元需求，从而增强了社区群众对小营红色文化的认同感、自豪感和幸福感。

2.“最美”浸润

小营红巷，是毛泽东和习近平视察过的地方，也是杭州“最美”文化的发源地。小营街道深入挖掘资源、树立特色，打造了一系列“最美”活动，让“最美”现象成了小营街道的一道风景，助推了市民素质的提升，并逐步实现市民的价值认同和情感认同。自 2012 年评选至今，“最美小营人”已经走过了十一年时光，“最美”品牌已成为小营街道最美的风尚。

“最美”引领，实现了党群工作的有效结合。小营街道党工委以“最美现象”引领，带动、推进社区教育各项工作，社区全体成员整体素质和文明程度均得到提高。“最美小营人”评选活动，通过寻找身边的“平民英雄”，阐述“以爱国主义为核心的民族精神”“以改革创新为核心的时代精神”的本真体现，弘扬社会主义荣辱观，让社会主义核心价值体系的基本内容既内化为社区居民的自觉追求，也外化为越来越多人的自觉行动，并转化为社会普遍遵循、具体可行的道德规范和行为准则，让追求“最美”成为居民引以为荣的自觉行为，真正落实了社区教育的使命。

舆论宣导，有效整合宣传方式。在“最美”系列评选活动中，街道做到“整体策划、滚动推进、全面辐射”的“三位一体”宣传。“双网宣传”，充分利用党报党刊、微信微博、电台电视等进行全方位、全媒体的覆盖，有效增强社会影响力，《工人日报》《浙江日报》《浙江工人日报》《杭州日报》等报刊头版相关报道 30 余篇，电台电视台宣传近 400 余次。“重点宣传”，做到突出典型，深入报道，有效增强了工作渗透力。“趣味宣传”，通过开设微博趣味有奖评选活动，积极引导居民了解微博、使用微博，熟悉评选，提高学习“最美”的参与热情。该活动涉及全国 20 多个省市，共有 167 家企业参与，总投票人次逾万。

“草根”引入，打造大众可学的“最美”人物。在评选活动中，不断挖掘出许多小营人的动人事迹，这些事迹带给大家感人至深的心灵冲击。这些平凡而伟大的人们所传递的正能量引发了“蒲公英效应”，让更多小营人感受到“最美”的力量，感受到源自“最美小营人”内心深处的那一份梦想。请看案例 4-1-1。

案例 4-1-1 小营“最美”评比

第一届“最美小营人”评比中，以当年陪同毛主席视察小营巷、现年110周岁的程瑜老人为首的小营巷社区五代卫生主任，浓墨重彩地展现了小营街道爱国卫生的光荣传统；街道城管科科长徐晓峰、“健康达人”程震远等小营人则淋漓尽致地展示着今日“健康小营”的崭新风貌；“死神斗士”袁敏以非凡的意志与癌症病魔顽强抗争了20年，并且创立了茅廊巷社区科学防癌抗癌志愿者服务队，为无数癌症病友带来生的希望和心灵的慰藉；不幸罹患骨癌的12岁的新杭州人王欢，身后更是涌现出无数小营人关爱生命、回报社会的大爱和大美。他们都是“小营之美”的集中展现，唱响了社会主义核心价值观的时代主旋律。

而在之后的评选活动中，“最美小营人”“最美娘家人”“最美劳动者”大多是普通人，是在平凡岗位和生活中默默奉献、不图回报的“草根英雄”。他们来自各行各业、不同阶层，都生动诠释了社会公德、职业道德、家庭美德的内涵，他们是小营之美的集中展现，更是小营之梦鲜活的代言人。

（杭州市上城区小营街道）

典型示范，实现“最美”效应的有机结合。小营街道以党建引领，推动社区教育内涵发展，大力挖掘邻里间的“微美”，聚小美、微美为大美、最美，启动“微美在邻里”邻里价值观主题实践活动，深化“最美”的长效机制。

寻找“最美小营人”活动告诉我们，社区教育应不断创新载体和形式，使实践活动更便于人们参与，更富时代气息，更能打动人心。小营街道的实践充分证明，群众是真正的英雄，群众的积极性一旦调动，就会迸发出不可估量的力量。寻找“最美小营人”不是简单的评选活动，这一活动之所以会引起反响和赞誉，是因为它能让大家感到典型和英雄就在身边，每个人都能努力做到“最美”。

“最美”评选推进了市民素质逐步提升。小营街道在“红巷精神”的鼓舞下，深入挖掘历史资源，大力发展“红色文化”“群众文化”“健康文化”。在深化“网格化管理、组团式服务”的基础上，党群齐抓，让基层党建与社区教育有效融合，首创了“最美现象进网格，三三机制惠民生，党群齐力共圆梦”新机制，真正做到“党组织延伸到网格、工会工作覆盖到网格、社区教育融合到网格”。此外，小营街道评选了“最美小营人”“最美娘家人”等先进典型，首创“最美名人工作室一条街”，实现了最美现象的全覆盖，从而使教育更加贴心，管理更加精细，作用更加明显，使“最美现象”真正成为一道美丽的风景。

近年来，全国各地走进小营街道纪念馆瞻仰、寻根的参观者已达到年均 20 万人次。站在新时代新起点上，“红巷精神”必定会发出更大光芒！

第二节
丁兰皋亭习孝礼

⊙

孝道贯百代，上下五千年。不论是在古代的社会管理中，还是在现代的和谐社会构建、精神文明建设中，孝道都发挥着积极的作用。

党的十八大以来，习近平总书记多次谈到要尊老敬老，要“注重家庭、注重家教、注重家风”。

杭州市上城区丁兰街道孝廉文化凸显。山水为脉，文化为魂，丁兰皋亭悠久的历史积淀和厚实的孝道文化，为传承孝礼提供了良好的根基。

一、缘起：孝行当代　传承之需

孝是中华民族传统美德的基本元素，是中国长久以来的文化思想。它在当代依然有着积极意义与重要价值。在养老问题突出的今天，传承发展“孝礼”文化，是解决社会中的价值失序和道德失范问题，促进家庭和谐幸福、社会秩序稳定、国家长治久安的有效路径，也是构建社会主义文化强国和实现中华民

族伟大复兴的重要文化软实力。

杭州市上城区丁兰街道是一个具有两千多年历史的古镇，辖区面积15.6平方公里，下辖23个社区、2个行政村和6个股份经济合作社，现有人口20.1万。街道先后获得浙江省文化强镇、浙江孝贤先进集体、浙江省民间文化艺术之乡（孝文化）、杭州市文化特色街道（孝文化）等荣誉称号。

丁兰孝礼文化源远流长。请看案例4-2-1。

案例4-2-1 孝礼文化名片：丁兰刻木事亲

《梦粱录》记载："丁兰母冢，故居在艮山门外三十六里丁桥之右，母死，刻木事之如生，冢在姥山之东。"丁兰孝行发生在皋亭山的姥山之东，当地为了弘扬丁兰的孝心，还建了丁桥、兰桥以为纪念。

东汉应劭《风俗通义》："世间共传丁兰剋木而事之。"

曹植《灵芝篇》记："丁兰少失母，自伤早孤茕。刻木当严亲，朝夕致三牲。"大意为："丁兰少年丧母，以木刻母像当母亲，朝夕供食。"这是如今能看到的最早的故事版本。

以后传播中又衍变出多种情节，丁兰的出生地也各有不同，但"刻木事母"却是不变的核心内容。

今丁兰故居早已无存，丁母冢也不知确切地点，但是丁兰的孝行故事与孝文化却永远流传下来。

（杭州市上城区丁兰街道）

丁兰孝礼游学资源丰厚。这里有杭州最古老的山——皋亭山，有杭州最古老的人工河——上塘河，有宋代国礼馆——班荆遗址，有始建于五代时期吴越国的杭州三大名刹之一——龙居寺（原名涌泉院）。有孝礼主题景点：文天祥皋亭抗论纪念台、孝廉广场、家训长桥、孝廉千诗千石刻、清风小径、丁桥兰桥。辖区村社、学校、企事业单位等孝礼教育学习点星罗棋布。请看案例4-2-2。

案例 4-2-2 资源名片之一：杭州孝道文化馆

杭州孝道文化馆是一家公益性文化场馆，常年对市民开放。自 2017 年被认定为浙江省市民终身学习体验基地以来，更多市民走进基地观摩学习，成为杭州市民普及、感受孝廉文化的重要教育基地。2020 年被认定为长三角市民终身学习基地。

（杭州孝道文化馆）

二、实践：融通资源　共探孝行

当前丁兰正在探索以“孝礼游学体验线”为轴线的活动，将分散、零碎、闲置、封闭、各部门独立专属的各类孝礼教育资源进行融通整合，串珠成线，打破部门、行业、单位之间的固有壁垒。“游学共学”“享学尚学”，努力共创丁兰市民喜爱的孝礼游学模式。

1. 整合场馆资源，建构游学路线

用好怡人的景点资源。自唐以来，杭州就有“西湖赏月、皋亭观桃”的雅事。丁兰街道有苏东坡疏浚河道的临时指挥部“水陆院”（旧址）、乾隆祭拜奶娘必走的“金门槛”、赤岸古埠等景点。2013 年至今，又先后建成千桃园、民俗文化馆、孝道文化馆、南宋文化馆。皋亭山增设了游步道，春季千亩桃花绽放，市民徜徉其间，心旷神怡。如今，市民游客进入丁兰就开启了一次山水之行、文化之旅。孝廉教育与山水文化融为一体，“景中学、游中学、体验为上”是其最大的亮点。

用好温馨的社区学堂。街道组织建设家门口的社区孝礼学习阵地，利用好社区原有的党群服务中心、文化礼堂、邻里坊等学习场馆，用好 140 余家教育培训机构、大大小小 3300 余家企事业单位。此外，街道利用社区已有组织，链

接外部资源，如皋城村村史馆里的孝礼家风习俗陈列室、大塘苑社区“微孝公益邻里坊”等，构建“微孝游”。25个村社，形成一社一孝礼“微”游线，成为社区居民学“孝礼”、践“孝行”、表“孝意”的主要阵地。

用好多元的学校资源。丁兰辖区有21所学校，37个校园区，每个学校都有自己的孝礼教育项目。街道充分整合学校资源，统筹运用，部分学习项目在区域内外都小有名气。比如浙江师范大学附属丁蕙实验小学的“三生教育”，其根据丁兰孝廉历史，开设孝廉课程，帮助学生理解孝廉对生命的价值；再比如杭州师范大学附属丁兰实验学校实施以爱国主义、孝文化为核心的人文艺术课程改革。

2. 整合队伍资源，建构体验项目

街道成立了孝爱游学联盟，形成资源整合工作合力，定期研究“孝爱游学”项目资源整合工作。

孝廉文化主题，以孝促廉。治政廉为首，每月15日，共产党员们纷纷汇聚在文化馆“孝廉宣誓”墙前，诵读誓言。在讲解员从古“孝”字开始呈现的中华民族传统孝廉文化故事中，进一步强化自身廉政意识，常怀律己之心，常思贪欲之害，做到自重、自省、自警、自励，落实全面从严治党要求。自开办以来，近8万名共产党员在这里重温誓词。

孝爱文化主题，以孝暖亲。弘孝道文化，传孝心事迹。听孝道故事，看孝道古迹，学孝道榜样，知孝道缘由，做孝道践行者，将学习、体验、互动融为一体。街道在皋亭山景区、孝道文化馆、辖区学校、企业文化讲坛等场所开设国学礼仪讲座、孝心小课堂、慈孝工坊手工体验等活动。

关爱“小候鸟”，以孝润教。让孝爱点亮暑假，借游历增长见识。街道连续多年在暑期开展关爱“小候鸟”活动，分批组织在杭建设者子女体验传统文化。通过丰富的互动活动增进亲子感情，践行孝道，进而开展感恩同学、老师、学校、国家的教育活动。

编撰文墨遗存，以文促行。皋亭留下了许多帝王将相的遗踪、忠臣义士的

壮歌和文人墨客的题咏，流传着众多传说故事，涵盖了4000多年来当地的人们对自然的认知及当地的生活习俗、人文景观，故事种类繁多，内容丰富。丁兰街道以此为核心，充分挖掘孝礼文化遗存，编写出版了《皋亭山传说》；举行皋亭山书法大赛，收集编撰《皋亭山诗集》；编排了越剧《龙居寺》和舞蹈剧《普桃源》，在各地巡回演出。

《孝文化读本》是丁兰街道于2015年依据小学生的认知水平和孝敬养成规律组织编撰的。该书既有古代孝道故事，也有当代孝心楷模，同时还有大家熟悉的学生孝心标兵，生动有趣又贴近生活。各学校在谈话课、班队课及其他德育活动时，把这本书作为教育载体。这本书不仅适合学生阅读，还适合亲子共读。

3. 整合组织资源，形成游学路径

立足街道人文资源，通过顶层设计实施路径（见图4-2-1），打破资源权属壁垒，跨界整合，制作掌上学习地图，定期发布场馆学习活动信息，达成资源供与求的有效联结。建立联系人制度，每一个阵地设有联络人，辖区单位、机构、市民社团按需要使用学习场地，形成资源共享链。通过同心圆盘活阵地资源，共商、共建、共享，助推区域资源融合融通。

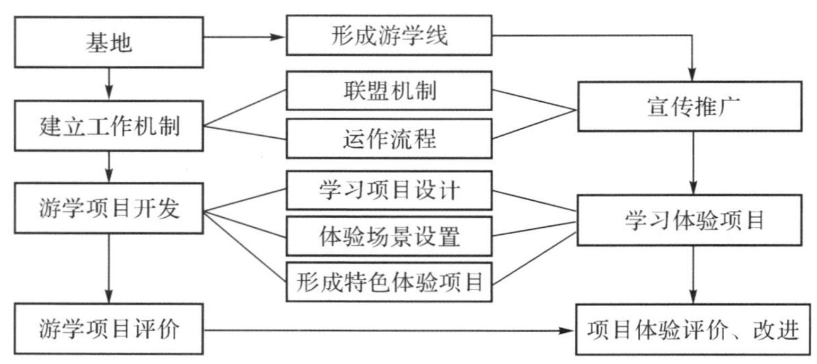

图4-2-1　孝爱游学实施路径设计图

首先，借力组织优势。街道与景区同为一套领导班子，在基地资源合理调度、布局实施、协同发展方面有着得天独厚的组织优势。设孝爱游学工作小组，由街道分管领导任组长，文化站等场馆资源主管部门、场馆单位负责人为成员，

同时吸纳相关社会组织成员单位，推动场馆资源整合工作。关注不同主体在资源整合过程中的利益诉求，探讨用不同的合作机制推动场馆的资源整合。

其次，巧设游学路线。精选孝道场馆，连点成线，打造市民孝爱游学体验线。以下是市民 30 分钟可达的微游学路线，智慧讲解系统和场馆体验相结合，可以全方位传播以“孝礼”为核心的丁兰文化。

“孝爱”线：孝道馆—清廉广场—家训长桥—皋亭村村史馆；

“宋韵”线：宋韵博物馆—上塘古埠—千诗千石—班荆遗址（国礼馆）；

“康养”线：绿园弄邻里中心—千桃园游步道—皋亭骑行道—龙居寺；

“奋进”线：杭州市中医院—龙湖天街—杭锅集团；

“智数”线：智慧小镇—科技孵化园—浙江师范大学附属丁蕙实验小学科技馆。

再次，对接游学项目。每个场馆的游学项目可以采用自营或购买服务的方式进行运作，项目体验结合场馆特色，在内容和形式上体现孝礼文化，兼具学习性、体验性和特色性。为避免场馆之间出现项目雷同，要有游学学习项目的整体设计，在“孝礼传习”的统一思路下，不同资源也可呈现序列或进阶特征。

4. 建立信息平台，实现资源融通

信息化时代，借助网络与平台，能够推进资源的进一步整合与融通。

首先是静态展陈结合动态畅享体验。要发挥数字化移动平台的作用，形成线上线下场馆之间、机构之间的资源融通，提高场馆资源的利用效率。融静态图文、塑像陈列与动态影视表演于一体，可充分调动视觉、听觉、触觉等感官感受。

其次是线下游学结合线上畅意享学。以杭州上城社教平台“人文行走”六条线路短视频学习为主，街道在各社区原有的远程教育终端站点基础上，以网络开发为重点，以现代技术为抓手，以满足社区居民个性化需求为目标，将 15 个游学点学习项目二维码上传到“丁兰生活网”“智慧丁兰”公众号，推广到“学习强国”“西湖先锋”“浙政钉”等信息化学习平台，引导居民体验线上学

习，感受掌上零距离神游孝礼学习点。

再次是大咖N云，拨迷雾见真章。这里的“云”是说的意思。结合各个层面的游学活动，邀请各个领域的大咖引领“孝礼游学”（见链接4-2-1，见表4-2-1）。比如可以邀请上城社教的南宋文化专家，说一说皋亭抗论、上塘古埠的那些宋事；再比如可以举行丁兰宋韵文化讲座，捋一捋丁兰“茶祖”是不是西湖龙井茶“茶宗”等。

链接4-2-1
上城区人文行走皋亭研学线

表4-2-1 古埠雅韵 孝礼留芳——丁兰孝礼游学方案

游学地点	皋亭山孝廉文化园，占地面积近300亩，包含一园十景，建筑面积约1400平方米。分为七个部分，分别为序厅、孝经治天下、孝道行神州、孝迹映河山、孝礼伴岁月、孝心报春晖、孝艺丁丁坊
公共交通	乘公共汽车335路、359路、535路到千桃园或龙居寺南公交站
适合人群	幼儿、青少年
游学准备	组织者准备纸、笔、小桶，安全预案；学员着装方便行走，自备水，线上了解相关游学点
游学时间	1.5—2小时
游学目标	了解孝是中华民族的传统文化，理解其真正的内涵 了解一些孝文化故事，树立向善之心，会感恩，懂得以孝行回报家人社会 感受人文行走的乐趣，寓教于乐，修身养性，树立终身学习的理念
行走路线	师训长桥—孝廉广场—孝道文化馆
游学流程	一、诵古训，扬孝道 蜿蜒的木制长桥，两边悬挂数十块铜制浮雕，配以图文，展示从古至今为世人尊崇的三十位孝文化代表人物的精神及古训。在师训长廊亭可以一起朗诵古训，弘扬孝道 二、书孝文，言孝礼 孝廉文化广场上，有着一座“三孝合一”铜雕。铜雕由三个孝字构成，底座为莲花，寓意“小孝爱家、中孝惠民、大孝报国”，孝廉合一。广场北面的孝廉宣誓墙上写有一些孝廉誓言。在这里可以了解何为“三孝”，也可以通过书写“孝”字的演绎来更好地了解孝道，传承孝文化 三、品孝韵，行孝心 通过“静态展陈＋动态体验”的形式，充分感受孝礼，之后步行到宋韵博物馆，学习茶知识，奉茶礼
游学反思	整合基地资源，形式多样，富有趣味，使学习者在自然风光的浸润中，在身临其境的体验中，感受和传习孝礼文化

（杭州市上城区社区学院）

三、成效：孝在当代　行在丁兰

“游学共学”成为丁兰市民传习孝礼的重要方式，是提升居民获得感和幸福感的有效途径。丁兰市民在盘活辖区资源，传承孝礼文化，互帮互学中，改变了生活方式，丰盈了心灵，散发出活力，促进了精神共富。

1. 孝场馆的打造，构建孝礼文化传习的物质载体

为更好地传承和弘扬孝礼文化，丁兰先后修建了皋亭孝文化主题公园、家训长廊、皋亭山养老院、绿园弄医养中心、孝礼楹联、孝爱长椅等相关配套设施，构建了孝礼文化建设的物质载体。2020 年，杭州孝道馆被认定为长三角市民终身学习基地。2019 年、2020 年，皋城村和沿山村的文化礼堂以孝礼特色被评为杭州市社区教育进文化礼堂先进组织。

2. 孝文化的传播，构建孝礼文化传习的价值载体

“孝爱游学”拓宽了孝文化的传播路径。首批精选的 15 个学习场馆，以多元的载体、多样的形式，联动开展游学研学、社团学习、专题讲座、主题活动等丰富多彩的教育活动，以及为满足群众对美好生活的向往而提供高品质的教育服务，让市民的自身素养和生活幸福指数都得到了提升。

3. 孝活动的推广，构建孝礼文化传习的项目载体

丁兰街道以“孝进万家，爱满丁兰”为宗旨，持续开展以“弘扬丁兰孝道文化、创建中国孝道之乡”为主题的孝道文化系列实践活动。街道举办了“浙江孝贤”“丁兰孝星”评选及颁奖典礼、“孝行天下诗歌朗诵会”等特色主题活动，以及“丁兰杯 · 家风孝道”“孝爱杭州，情满丁兰”首届电视讲书大赛、“乡忆钱塘 · 孝行丁兰”社区文化联演活动，孕育了孝乡淳朴家风。同时，丁兰街道将邻里公认的好儿女、好儿媳、好婆婆、好女婿绘制成孝星文化墙，让身边可见、可信、可学的孝星人人传颂、个个效仿。

4. 孝产品的推广，构建孝礼文化传习的符号载体

孝爱游学有效促进了孝文化产品的推广。街道以 AAAA 级旅游景区点、各类文化场馆、工农业示范点、文化创意园区等特色资源为载体，策划、包装并推出更多游学项目，把丰富的工艺礼品——孝廉工艺礼品扇、“孝 · 念亲恩”真丝方巾、孝道木碗，可口的特色食品——皋亭龙糕粽、皋亭熏鸡、沿山香茶，浓重的节日符号——九九重阳“登皋节”、人间四月“观桃节”，丰厚的遗迹编撰——《皋亭山诗集》《孝德故事专刊》《家风孝道》等，分享得更远、更广泛。这些增强了丁兰游学产品的核心竞争力。

十里桃花诗画丁兰，源远流长的孝礼文化赋予皋亭山永恒的发展动力。经历时代更迭，孝礼文化推陈出新、与时俱进，增添了新的时代内涵。它是丁兰世代的脊梁，也浸润着每一个丁兰人。丁兰皋亭，孝礼远杨！

第三节
“你好 · 南宋”品宋韵

⊙

文化是国家和民族的灵魂，文化兴国运兴，文化强民族强。文化自信是一个民族发展中最基本、最深沉、最持久的力量。

杭州是中国著名的历史文化名城，作为南宋故都，南宋文化在这里绵延近千年。上城区是南宋皇城遗址所在地，集聚着最为丰富的南宋文化遗存。

“你好 · 南宋”课程就是在这样的背景下设立的。在南宋定都临安（今杭州）近千年后的今天，上城社教人与生活、学习在上城的市民一起，以传承中华优秀传统文化为导引，探访杭城深厚的历史，通过“问好”的形式，构建更加完善与立体的文化认知，弘扬优秀的传统文化，不断充实千年古都的内涵。

一、“你好 · 南宋”宋韵学习模型的建设

著名历史学家陈寅恪说：“华夏民族之文化，历数千载之演进，造极于赵宋之世。”

宋韵文化，特指两宋文化中优秀的文明元素、内在精神和传延至今的文化价值。宋韵文化大致可以包括：日常生活领域的物质之韵、生产技术领域的匠心之韵、社会运行领域的秩序之韵、发现发明领域的智识之韵、学术思想领域的思辨之韵、文学艺术领域的审美之韵等，呈现为思想、制度、经济、生活、社会、文学、艺术、建筑、宗教、科技等多种形态。

上城区域内的宋韵文化显现出三大特点——自然人文景点荟萃造就的“天人一色”，市民生活的俗、文人墨客的雅汇集形成的“雅俗共赏”，商贩复古气息和商业现代气质相结合的“古今融合”。这三大特点背后代表着立体、多元、独特的资源优势。

2012 年 10 月，廿十四坊巷景区启用。上城区社区学院徐跃峰老师在太庙社区“南宋书屋”启动了“南宋文化进社区”系列主题讲座，每月一期，共计 12 讲。从“杭州、南宋、都城、皇帝、文臣、武将、权臣、都人、才子、佳人、千年、走读”12 个方面，对南宋文化在上城的遗存进行了系统梳理，形成了课程的初步架构体系。

2013—2014 年，“你好 · 南宋”课程组依托上城区数字化学习平台“e 学网”万户家庭网上学活动，以课程内容为基础，推出面向全域的南宋文化知识竞答活动。市民积极参与，竞答人数达到 2.8 万人。

2015 年，“e 学网”增设行走电子杂志专栏。通过地名故事、连环画、电子书的形式推广南宋文化。根据新增课程内容，开发地名电子书 16 册，市民通过网络可实现数字化学习。

2015—2017 年，“你好 · 南宋”课程进入学校。在杭州第六中学推出“你好 · 南宋”选修课程，面向初一、初二学生，每周四下午开设两课时选修课。在杭州市勇进实验学校和杭州市建兰中学开设“你好 · 南宋”选修课，初一学生每周参与两课时选修课。两年期间共计研发了 32 讲的南宋文化普及课程，建立了较为全面立体的课程体系。

2017—2019 年，“你好 · 南宋”课程组联合区政协，组建“南宋文化讲师团”，共同推出面向全体市民的每月 11 号的上城区“南宋讲坛”系列主题讲座。

2019 年，应区域“宋韵文化传承传播高地建设”所需，上城区社区学院联合区委宣传部、文化广播电视新闻出版局、区政协文史研究会等相关职能部门，整合区域数字化宋韵学习资源，开始探索与实践“走读 · 南宋”数字化立体式学习模式。

“你好·南宋”在原有课程基础上，实现了由“问好”式的讲座授课向“走读”式的研学模式的迭代升级。

二、“走读 · 南宋”数字化立体学习模式的打造

“走读 · 南宋”数字化立体学习模式，以创新性传播、传承和发展南宋文化为目标，汇聚区域多部门力量，共建共享南宋研究数字资源，构建交互式南宋文化智慧学习平台，通过南宋数字化文化资源打造与传播、南宋文化课程研发与推广、宋韵文化体验与传承等路径，探索与实践“互联网数字化传播为主——线上线下联动”式的学习，满足不同层次、不同需求学习者的学习愿望，并推进信息化技术为文化传承与文化创新服务。

1. 成立资源采集联盟，形成区域南宋文化资源清单

经过多年不懈的积累，上城区南宋文化研究已取得大量成果。近几年，随着最新考古发现和资料汇总，专家学者对南宋历史文化进行了进一步系统性挖掘整理与研究，出版了《南宋皇城记忆》《图说临安》《南宋饮食文化》《两宋印章的渊源与走向》《南宋宝鉴》等历史科普读物和理论研究书籍 20 余部。

联合区政协文史委、区委宣传部融媒体中心、区社科联、区文化和广电旅游体育局、杭州文保所、杭州孔庙、杭州方志馆、杭州城市研究院、杭州图书馆、南宋皇城小镇资产投资公司、华语之声传媒、区文史研究会等部门与单位，上城组建了“走读 · 南宋”资源采集联盟。

依据南宋 152 年发展史，资源采集联盟经过实地考证，逐步梳理出德寿宫、

佑圣观、开元宫、忠王府、龙翔宫、太常寺、通玄观等 7 处南宋皇家遗址；考察了八卦田、中河、东河、白塔、五柳巷、吴山、南宋皇宫遗址、德寿宫遗址、太庙、孔庙、南宋官窑博物馆、杭州市方志馆、南宋御街等可利用的文化元素资源点 1372 个；在区域各级各类非遗传承项目中，按照“皇家文化、南宋风情、古都商业、宋学经典、宫廷养生”五大版块，筛选出中医药养生、特色美食、制作技艺等在内的各级各类南宋相关非遗传承项目 40 余个，汇集国家及省市区各级非遗传承人 50 多人，形成非遗传承体系效应。

联盟成员将这些原先都只在各自行业领域呈现的资源，归总为可分类查询的基础数据，从自然风景、文化遗存、地方史志、博物馆、非遗传承等方面，明晰了区域内的南宋文化资源，进而形成清单。通过数字化转换的手段将纸质的珍贵文献录入数据库，还增加了影音视频、文物图片、古画高清扫描等更加丰富的数字化资源形式。

区域南宋文化资源清单为“走读 · 南宋”数字化立体式学习模式的探索与实践，奠定了扎实的基础。

2. 建设数字化资源库，搭建交互式智慧学习平台

在打造数字化南宋文化资源库的同时，上城还建设了南宋文化智慧学习平台——“走读 · 南宋”数字化立体学习平台。

平台设有专门的积分办法，学习者通过参与线上线下的各类联动学习项目，就可以取得相应学习积分。积分可以转换为学习币，用来兑换相关的南宋文创产品和学习体验机会。

平台设置交互功能，希望通过学习者的点评参与，共同打造具有南宋文化向心力的学习共同体，为城区“国际南宋文化学术中心”和南宋皇城特色小镇的打造提供探索思路，为南宋文化的学习与传承提供信息化技术支持。

3. 打造文化讲坛，探索立体多元课程资源研发途径

上城区域内蕴含着丰富的南宋文化遗址、典籍。这些从时光深处走出来的

建筑、碑石、书籍，满载着人文故事与历史文化印记，值得细细品读。文化讲坛是文化普及与传承最简洁方便的形式。

南宋文化讲坛除了沿袭每月一讲的定期讲坛，还实施“三进”流动讲坛的工程，即开设“身边的南宋”系列课程讲座，进书店、进学校、进机关。讲座内容可以个性化定制。

随着受众不断扩大，为了解决人力、空间、时间等瓶颈，文化讲坛创新打造了影音融合的南宋文化直播讲坛。与杭州电视台明珠频道“家有开心事”栏目合作推出24期的“杭州老故事”专题讲座，每周日明珠频道首播，次周二在文化频道重播，满足电视观众的宋韵学习需求。在湖滨步行街透明演播室推出“穿越南宋的N个理由”系列网络音视频直播，截至2023年初已进行40期，受众已达180余万人。在清河坊步行街透明演播室推出“千年清河坊”系列网络音视频直播，至今已进行10期，观众达5万余人。

4. 研发文化体验线路，开设多层次特色化研学项目

上城区域内南宋遗址项目众多，针对南宋文化建设的文史资料储备也十分丰富。

2019年，上城社教开启了对南宋文化挖掘与传承文旅结合的调研，通过实地考证、查阅史料、专家座谈、问卷调查，形成了打造“南宋文化研学体验线路”的思路与实施方案，推出了“循迹千年”“巷陌寻雅”“格物致知”“南宋遗珍”“克己复礼”“杏林源远”六条体验路线，开设了多层次特色化研学项目，创新建设了多元立体的文化传承新方式（见链接4-3-1）。

链接 4-3-1
文化体验线路
综合介绍

5. 实施双轨制学习，开展“文化为师”传承实践

在“走读 · 南宋”文化体验与学习中，采取了线上 + 线下的双轨制模式，学习者所获得的学分均依照省学分银行学分标准，实施积分对接。

线上学习依托南宋百科微课，选取区域内的南宋典故与特色地名，制作南

链接 4-3-2
南星的桥

宋文化传承传播专题微视频或者微课程（见链接 4-3-2），通过平台发布与传播，市民可以通过电脑 PC 端与手机，利用碎片化时间学习。

线下学习以“南宋文化讲坛”形式打造。讲坛以公益演讲为基础，推出基于网络直播和现场讲座为一体的主题分享多媒体演讲，定期把南宋课程与文化讲座以送教上门的形式，送进社区、机关、学校、企业。

体验式学习则通过对区非遗传承项目的梳理，形成区域非遗学习基地，打造基于手工与技艺的宋代美学体验项目，设计区域南宋文化游览地图，引导市民通过实地研学，通过亲手体验，来感受南宋文化的精髓与魅力，进而形成“以文化为师，以城市为书，人人都能实践，处处都能学习”的文化传承路径。

6. 推行“三代宋塾”，引领亲子共学融入未来社区建设

“走读 · 南宋”立体学习平台联合“星级家长执照”平台，共同推出“人文行走”宋韵学习子平台。该平台以家庭“祖、子、孙”共学为核心，以文化基因解构工程所汇集的区域 1372 个人文点为基础，用数字化资源采集联盟形成的研究资料，数字化资源中心与移动学习的点位课程输出集合，建设集线上数字观光、文史学习、文创购买、信息查询，线下文化讲坛、亲子共学、文化体验、才艺培训、志愿服务等模块融会贯通的宋韵文化“三代宋塾”亲子共学模型。

大手拉小手，既能为当下“双减”背景下的学生课外学习提供基于宋韵文化的系统性一站式学习基地，还能满足老、中、幼全年龄段不同层次学习者的个性化学习需求，增进家庭学习氛围。

同时，“三代宋塾”区域文化共学机制可与未来社区教育场景建设相互结合，形成线下专题学研基地，达成“家校政社”四方联动，破解各部门在文化传播职责中各自独立推广、缺乏系统集成的瓶颈，为市民打造基于未来社区建设理念的新型文化学习中心。

在南星地区的未来社区，“皇城根优秀传统文化山南学研基地”在杭州市胜利山南小学建成揭牌。与浙江省首批未来社区——杨柳郡社区及杭州市澎

致小学联合打造的“皇城根澎致宋式美育馆”也已经建设完成，即将投入使用。与杭州市紫阳小学联合打造的“皇城根紫阳宋艺博雅院”也已进入改造启动阶段。依托上城南北两山（凤凰山、皋亭山）一江（钱塘江）文化带人文学习点，融合未来社区建设理念打造的宋韵文化立体多元体验基地的集群，也正在逐步形成。

上城区是地道的吴越文化“根据地”、完整的宋韵文化“传承地”。社区教育“你好·南宋”宋韵学习模型的建设，为擦亮文化金名片，整合各类文化资源提供了平台，也为“文化浙江”以文化人、以文铸城、以文兴业、以文惠民贡献了上城经验。

在走读研学中，在博览深邃文化后，让我们深情地道声“你好，南宋”！

第四节
指尖非遗传国脉

⦿

指尖非遗，是非遗中与指尖技艺密切相关、群众喜闻乐见的非遗项目。这些项目展现的是指尖功夫，流淌的是我国传统文化的精髓。

上城区拥有各级非遗代表性项目 199 项，其中大部分是指尖非遗项目，如杭罗织造技艺、铜雕技艺、振兴祥中式服装制作技艺、杭州刺绣、微型风筝、面塑、剪纸等。

传承指尖非遗，赓续千年文脉。留住城市的“根”与“魂”，让这方水土焕发生命力，奔涌创造力。高质量发展指尖非遗，是上城的使命与责任。

一、传承之人：指尖非遗守护者

文化传承人是非遗的重要承载者和传递者。他们以超人的才智、灵性，贮存着、掌握着、承载着非遗的文化传统和精湛技艺。

上城区拥有各级非遗代表性传承人 109 位，包括被誉为“中国当代铜建

筑奠基人”的朱炳仁，浙江省第四批非物质文化遗产项目“杭州剪纸”代表性传承人宋胜林，举全家之力推广多项非遗技艺的鲁立清等。

二、传承之基：指尖非遗传习所

上城区非遗场馆、非遗基地、社区学习型社团，为广大市民在繁华都市里近距离接触非遗、了解非遗、体验非遗，提供了传习的场所。

1. 上城区非物质文化遗产馆

上城区非物质文化遗产馆坐落于清河坊历史文化景区（AAAA 级景区），占地面积约 1000 平方米。场馆分为上下两层，承载了 7 个主题的展览空间，全方位展示了上城区丰富的非遗资源和保护成果，是一家集非遗宣传、展示、体验、产业引导、产品研发和利用、线上展销为一体的场馆。

2020 年 9 月开馆以来，举办“指尖上的宋韵”年俗特展、“宋韵”最杭州、“迎亚运品宋韵”“指尖上的非遗”生活艺术展等各类非遗体验活动 400 余场次。场馆入选杭州市非物质文化遗产体验点和宋韵文化体验点，发挥了传播非遗的作用。

2. 非遗体验基地

上城区设有 36 个非遗体验基地，是市民终身学习的好地方。有浙江朱炳仁铜雕艺术博物馆、杭州邵芝岩笔庄、杭州万事利丝绸文化博物馆、西湖琴社、吴越人家一新坊、传统戏服制作技艺体验中心等。其中南宋修内司官窑烧制技艺体验中心等 6 个地方，被认定为杭州市非物质文化遗产体验点。

3. 社区学习型社团

社区学习型社团，是杭州社区教育亮丽的风景。杭州市教育局每年开展社区示范性学习型社团（学共体）评比。上城区每个社区都有许多学习型社团，其中有很多指尖非遗项目的，如东坡地书、油纸伞社等，让指尖非遗在各处开花。

社区学习型社团在固定地点、固定时间，固定成员齐聚一堂。导师指导大家学习，成员们仿做非遗样品，或自创作品。每个社团都有微信群，大家在群内交流，也进行线上学习。

三、传承之途：指尖非遗活动中

丰富多彩的活动，让非遗走近市民。各类活动进机关、进校园、进企业、进社区、进军营、进家庭，有研学游、体验游、休闲游、民俗游、购物游、展会游等，实现非遗与市民的零距离接触。指尖非遗活动，同样精彩纷呈。以下是比较有影响力的指尖非遗活动。

1. 非遗（文创）大观园

2021 宋韵文化节之“宋风物语”非遗（文创）大观园于 10 月 29 日至 11 月 1 日在钱江新城城市阳台展出。活动邀请杭州和绍兴的非遗大师，以及杭州的文创企业参加。上城区有 42 个非遗代表性项目展位，代表上城非遗风貌。指尖非遗传承人亲自坐镇，将优秀的手作分享给现场的市民游客。

钱塘江边，舞台展演助兴，游览人数约 20000 余人，线上线下营业额突破 200 万元。“非遗 + 宋韵 + 文创”让非遗与时俱进，让千百年来的古老技艺重回民众视野。

2. 终身学习活动非遗展

上城区每年举办终身学习活动周，其开幕式是社区教育的盛会。2021 年 11 月 19 日，上城区全民终身学习活动周暨第十八届终身教育节开幕式在钱江新城城市阳台举行。2022 年 11 月 12 日，第十九届终身教育节开幕式在彭埠街道杨柳郡社区举行。开幕式现场均搭建展棚，展示 10 多个非遗项目。

市民们参与黏土、糖塑、点茶、剪纸、泥人、拓印、棕编、刺绣、扇艺、艾灸等学习体验，沉浸于指尖非遗，置身于宋韵雅集。

3. 紫阳小学宋代点茶

2022 年，杭州市评选出十个“一校一品”非遗课堂示范点，杭州市紫阳小学宋代点茶成为其中之一。

作为学校品牌的非遗特色课堂，紫阳小学把“宋代点茶”列入学校常态化传习教学工作中。学校开展游学项目，品味南宋茶文化；选取南宋“点茶”中最具代表性的动作和画面，创编儿童舞蹈“漏影春”，把南宋点茶技艺用舞蹈的形式展现出来。在市区级活动中，小学生展示点茶，展现了指尖非遗的魅力。

4. 小区非遗开放日活动

2021 年 10 月，上城区小区开放日以“传承进社区·非遗零距离”为主题。街道自主点单，非遗代表性传承人以讲学展演、互动体验等方式，将非遗送进社区。

杭州刺绣传承人潘晓颖走进紫阳街道，带来团扇刺绣课程；油纸伞制作技艺传承人赵睿走进小营、四季青街道，教学油纸伞制作技艺；杭扇五柳文人扇传承人游晓婷走进丁兰街道，带来南宋团扇制作体验；点茶传承人陈美青走进南星、清波街道，讲解宋代点茶方法；微型风筝（袋儿风筝）传承人沈晓程走进凯旋街道，教授精致小巧的蝴蝶风筝制作；身怀多项非遗技能的鲁立清和王玉枝夫妇走进多个街道，带来好吃又好玩的吹糖人，用面粉制作出栩栩如生的小物件。

四、传承之范：指尖非遗在采荷

“采荷指尖非遗共学传承”项目，先后被评为浙江省成人教育品牌、终身学习品牌、社区教育进文化家园活动品牌，是指尖非遗传承的范例。

1. 六个社团各展风采

采荷街道6个指尖非遗社团活动，分别是“创意剪纸线”的剪纸、“和平风筝坊”的风筝制作、“千千结艺社”的编织、“荷香纸艺社”的盘纸衍纸、“金石篆刻坊”的篆刻、“荷香丝绣坊”的丝绣。6个社团分布在不同社区，保证每个社团都能受到社区的全面关注和支持。前5个社团，相继被评为杭州市社区示范性学习型社团（学共体）。

2. 集群活动融合互鉴

因同属“指尖非遗”，故6个社团活动可以相互借鉴。一是相互学习技艺，如把剪纸的纹样运用到风筝和纸艺上，把风筝制作的技巧运用到丝绣上。二是共同参与活动，如每年街道全民终身学习活动周中，指尖非遗社团展示学习成果；在街道庆祝活动中，几个非遗社团一起表演节目。

3. 共同学习互相帮助

指尖非遗6项内容，小巧精致，受到居民普遍喜爱。共同学习形式多样，既有课堂中的大师讲座、自由切磋，又有课堂外的走亲参观、展示义卖。互相帮助，既是社团和群的规定，也是居民们学习时的真实写照。大力协助、推进指尖非遗传承发展工作的街道文化教育工作者侯航雪，被称为“社区教育的暖心人”。

五、传承之思：指尖非遗向未来

非遗是流动的、活态的，其生存特点是传承，发展规律是进化。传承的第一要义是习得，第二要义是创新或发明。指尖非遗紧扣时代脉搏，必将在传承与创新中走向未来。

1. 着眼发展，指尖非遗结合宋韵

近年来，浙江打造以宋韵文化为代表的历史文化金名片，建设“宋韵文化传世工程”。

链接 4-4-1 五柳雅扇 宋韵传习

“杭扇五柳文人扇”是上城区非物质文化遗产代表性项目，结合南宋绘画制作宋画团扇，显示出别样的魅力。“五柳雅扇，宋韵传习”作为上城区终身学习新样态，被评为2022年全国终身学习活动品牌项目（见链接 4-4-1）。

上城区2022年“文化和自然遗产日”非遗宣传展示活动中，宋酒、宋茶、宋香、宋扇……非遗文化结合市井中的“烟火气”，在上城都能遇到。

上城是非遗聚集地、宋韵展示地，传统手工艺资源丰富。指尖非遗要借力发展，结合宋韵，从传统走向时尚。在非遗中展现宋韵，在宋韵中凸显非遗，使上城宋韵、非遗留芳。

2. 着落民间，指尖非遗融入生活

围绕“最韵味”“最精彩”“最杭州”的“上城共富之窗”亮丽图景，指尖非遗用当代人乐于参与的方式，贴近并融入大众生活。在网络平台上看非遗纪录片，网购非遗好物，学非遗知识，听非遗故事，看非遗展，买非遗文创，体验手工艺乐趣，非遗在民间生机勃勃地发展着。

围绕“非遗 + 旅游 + 文创”体验，上城推动非遗在当代生活中创造性转化与创新性发展，促进文化旅游深度融合，为稳经济保民生促发展、助力行业纾困解难发挥积极作用。

2022年，“宋韵薪传”省级传统工艺工作站由上城区文广旅体局创建，上城区非物质文化遗产保护中心执行，是非物质文化遗产保护机构在基层的延伸和延续，将为指尖非遗提供更多生活化的应用场景。

3. 着力当下，指尖非遗链接教育

2022 年 2 月，上城区出台《关于加强非物质文化遗产保护扶持的实施意见》，区文广旅体局联合区教育局开展“非物质文化遗产进校园”活动，36 个非遗项目进中国美术学院、杭州市饮马井巷小学、杭州市胜利小学等。

上城社区教育积极发挥优势，与部委办局、街道社区合作，制作微课、编写读本、课堂教学、培育社团、课题研究、创建品牌，满足公众认识非遗、学习非遗、研习技艺的新时代需求，让指尖非遗生根开花。

历史，留给上城丰沛迷人的文化遗产；

现实，给我们时不我待的传承与担当！

守护非遗，传承非遗，留住文化根脉，弘扬文化心魂。

我们，始终与指尖非遗在一起！

参考文献

[1] 宦宝玲．构建基于区域开放大学红色教育体系建设的实践研究［J］．吉林广播电视大学学报，2021(4):54-56.

[2] 孙明霞，余德聪．社区教育传承创新海陆丰红色文化的探索与实践——以汕尾开放大学为例［J］．教育现代化，2019,6（57）：240-242.

[3] 蔡廷伟，钱旭初．社区教育课程观与课程体系的构建［J］．成人教育．2018(08):39-43.

[4] 陈向明．质的研究方法与社会科学研究［M］．北京：教育科学出版社，2000.

[5] 李惟民．社区教育课程开发研究与指南［M］．上海：上海社会科学院出版社.2012

[6] 杨明全．课程论［M］．北京：中国人民大学出版社,2016.

[7] 杭州市人民政府地方志办公室．杭州精览［M］．杭州：浙江人民出版社,2018.

第五章
深度整合，立足共建共享的社教协作典型

社区教育强调利用各种教育资源开展学习活动，提高区域内社会成员的整体素质和生活质量。

上城的社区教育不仅充分利用资源，更强调深度整合资源，以合作的形式共建共享各类资源，协力打造社教品牌。科普大学凸显出上城区科学技术协会的硬件设施投入程度和经费协作力度；公民警校展现了上城区公安分局的教学专业性和联动能力；“匠心课堂 +”采取多元联动，打造了精品化的上城终身教育综合项目；乐龄学堂深入老年教育内涵，形成了依托民非组织开展老年教育的典型。

第一节
科普大学　融通聚力

⦿

在我国的现代化进程中，大力开展科学普及能提高国民的科学素养，进而提高整个国家的综合国力。提高全民科学素质，弘扬科学精神，铸就新时代民族之魂，是我国民族复兴的基本要求。

因此，我国高度重视提升国民科学素养，重视开展社区科普工作。而社区教育，在其中起着积极而重要的作用。

一、溯根求源：从 2049 计划到社区科普大学

杭州市上城区一直非常重视社区居民科普教育，并强调资源融通、多方合力开展科普工作。

1.2049 计划初起步

“2049 计划”又称“全民科学素质行动计划”，是一个超长期的国家计划。

该计划就是要采取各种措施，从整体上促进国民科学素质的提高，到 2049 年，使我国国民素质达到与中等发达国家经济社会发展程度相适应的水平。

为积极开展 2049 计划，2005 年起，上城区科学技术协会与上城区社区学院合作，推出试点项目“上城区社区居民科学素养测评与提高的体系构建”。

双方合作开展科普工作的载体是终身教育券。终身教育券工程实施过程中，双方建立了科普项目长效实施的运作机制：制定严格的实施程序，克服工作的随意性、短期性；确立科普项目主体分离的保障机制，经费投入主体与经费使用主体分离，既促进项目的有效实施，又发挥其引导、评价、改善各主体工作的功能；形成高效务实、运行简便的资源共享机制，通过资源共享的运营软件，有效整合人力、物力、信息三库资源，大大提高了资源利用率；开发实用普及的区本课程；创新经费投入保障机制……社区科普工作逐步从“政府投入为主”向“政府、社会和单位均参与投入”发展，走上了社会化、产业化的道路。

2. 融合融通再深入

随着社会转型和《全民科学素质行动规划纲要（2021—2035 年）》的深入实施，社区科普已经成为推动经济社会发展和文化建设的重要举措之一，对于我国建设世界科技强国具有重要战略意义。

上城区在 2049 计划的实践中发现，社区科普在趋于专业化发展的同时也与社区教育、社区文化建设等领域出现了越来越强的交叉性，因而对于融合发展、融通聚力的倡导与实践更是势在必行。

所谓“融合发展、融通聚力”，就是指打破社区科普原有的研究及实践的传统范式，基于大科普、大教育、大服务、大联手的理念，从社区教育、文化建设等不同领域总结推进社区科普的方法和路径，整合这些领域的硬件、人力、财力等各类资源，为社区科普发展找到新的生长点。

2049 计划实施的合作过程让区科协和社区学院都尝到了融通聚力的甜头。为了进一步落实社区科普工作，保障全人群、常态化的科普教育，2014 年上城区社区科普大学应运而生。

从此，上城社区科普工作，由上城区社区科普大学统领。

二、强化联动：整合现有资源，完善资源共享机制

社区科普大学通过资源整合，包括硬件共享、经费共用、平台共建，达到了社区科普教育的多赢局面。

1. 硬件共享

上城区社区科普大学落址上城区社区学院内（清泰街严衙弄 7 幢），拥有 1 个能容纳 200 人的报告厅，2 个功能齐全的直播室，2 间能容纳 70 人以上的大教室，6 个标准教室，8 个专用教室（包括电脑机房、国学教室、舞蹈教室和乐器教室等）。各个教室通风明亮，触摸电脑电视一体机等教学设备齐全，每个楼层卫生间配备紧急呼叫设施、扶手、抓杆等适老化设施。

科普大学建有阅览室，内有图书杂志 800 余册，长期开放，还专设展示学员学习成果的文化墙，将优秀学员作品和照片展示在文化墙上，积极营造健康向上的校园文化。

此外，科普大学以“大教育联动、大服务联合、大合作联手”为理念，将区域内科协系统和教育系统中的各中小幼学习场所、街道科普大学、市民学校面向社会开放，还在辖区内评选科普教育基地，将在区域内具有较大影响和示范作用的优质文化教育类机构资源进行整合，建立开放型终身学习资源体系，真正实现科普教育的资源共享。

截至 2023 年初，上城区有 4 家“全国科普教育基地”，分别是小营・江南红巷、杭州市水利科普馆、浙江省特种设备科学研究院、温州医科大学眼健康科普馆。钱学森故居获评“全国科学家精神培育基地”，并正在积极申报“全国科学家精神教育基地”。

2. 经费共用

上城区科学技术协会、上城区社区学院共同承担社区科普大学的运作经费，每年运作经费在 20 万元左右，用于日常科普教学、科普周活动、科普走学活动及线上平台建设、资源开发等。

上城区妇女联合会、上城区委直属机关工委也会对科普项目给予一定的经费支持，例如区委直属机关工委参与了暑期科普夏令营项目的运作。

3. 平台共建

社区科普大学推出线上“科学百花园”栏目，它是中国科学技术协会为深入推进科普信息化建设而打造的科普品牌，旨在以科普内容建设为重点，充分依托终身教育传播渠道和平台，使科普信息化建设与传统科普工作深度融合，以公众关注度作为项目精准评估的标准，提升区域科普公共服务水平。

“科学百花园”栏目开设在上城社教线上平台的“e 学网”和“微学通”公众号上，涵盖活动发布、精彩瞬间、科学课堂（见链接 5-1-1）、知识竞答、科普名师、科普体验点及科学链接等多个版块，线上线下相结合，寓教于乐，适合各类人群学习科普知识。

链接 5-1-1
科学辟谣

三、优化队伍：重视师资建设，培养科普中坚力量

为保障社区科普工作的顺利进行，科普大学重视队伍建设，优质的师资教师队伍已然形成，专职教师精、兼职教师专、志愿者队伍广，并在持续优化。

1.“精教学 · 善管理”的专职教师队伍

科普大学人员拥有专职教师 10 人，他们拥有丰富的管理经验，教师队伍结构合理、分工明确——

总负责人：管理经验丰富，统筹安排社区科普大学各项具体的教育培训活动。

信息技术员：开发相应网络课程，保障网络教学的正常运行，并维护网络平台。

教学研究员 A：负责科普教育教学研究，组织教学研讨活动和教学活动评价。

教学研究员 B：研究与设计科普教育教学活动，开发相应课程。

活动管理员 A：管理社团和志愿者队伍，负责街道和社区联络与协同工作。

活动管理员 B：落实活动组织，负责开展活动和学员管理工作。

教学管理员 A：执行课程教学计划，做好课程设置、编班组班等管理工作。

教学管理员 B：安排培训日程、维护场地，协同做好班主任日常管理。

教务管理员：负责招生宣传、台账整理，协同做好班主任日常管理。

财务管理员：负责财务及招生收费、退费等相关工作。

2.“专业化•明星型”的兼职教师队伍

依托杭州市科普讲师团和区域内的科普师资力量，科普大学吸纳了卫健、教育、司法、农业等各系统的科技工作者，组建了一支专业化、明星型的兼职教师队伍。

为了有效管理，科普大学将兼职教师按照科学与社会、科学与生活、科学与教育、科学与健康四个门类进行分类。目前参与日常科普教学工作的兼职教师有百余人。请看案例 5-1-1。

案例 5-1-1　科普兼职教师的双向性

袁娜是上城区科普讲师团的成员之一，于 2012 年开始从事消防应急与科普教育工作。她认真负责、仔细热心、积极向上、敢于创新，积极主动参与科协开展的相关活动，为提高公众科学文化素质持续开展了 6 年的公益服务。

袁娜协助科普大学举办了近300场应急消防安全科普进社区活动，开展消防安全科普咨询，受众达两万余人。袁娜向大众传播的消防知识通俗易懂，具备可操作、接地气、正能量的特点，影响深远，得到了社区领导和居民们的肯定。

袁娜曾被评为中国十大科普传播人物、杭州市十佳科普中国APP优秀科普员、杭州市十佳科普志愿者。

2020年，为进一步扩大科普的影响力，袁娜成立了杭州市上城区人众科普服务中心，开展科技普及的学术研究和交流，向科普从业人员和爱好者传授科技普及理念、知识、方法和技能，提高他们的科普实务能力，开展科普活动组织宣传。

（陈学军　杭州市上城区科学技术协会）

袁娜从一位科普志愿者成长为科普老师，再到如今开创了一份科普事业。由此可见，科普工作是双向的，不仅有利于提高民众的科学素养，也能够促进教师的个人发展，形成良性循环。

科普大学不仅在师资方面需要合作多赢，还需要充分利用平台优势，发挥融通聚力的效果，让科普的硬件用起来，让科普的经费富起来，让科普的师资“活”起来，多方聚力来让科普工作落到实处。

3.“乐奉献•自治型”的志愿者队伍

科普志愿者是指自愿贡献个人时间和精力，在不计物质报酬前提下为推动科学教育传播与普及提供服务的人员。他们是推动落实科学发展观、宣传《中华人民共和国科学技术普及法》、促进城市精神文明建设，并通过科普宣传、科技咨询、科技培训、科普进社区、科普进校园、科技下乡等多种形式开展科普活动的基层力量。

社区科普大学的志愿者分布在科普大学总校及各个街道分校，可以就近参与各类科普志愿服务，例如总校的科普志愿者参加了“银龄跨越数字鸿沟”

行动，担任智能手机教学助教；街道分校的科普志愿者主要参与垃圾分类宣传、新冠疫苗接种动员等活动。

四、活化路径：开发多样形式，按需施教注重实效

为不断提高市民学科学、用科学的参与度，社区科普大学开发了讲课、体验、走学等多种科普形式，根据市民需求灵活开展科普工作。

1. 设班开课，上门送学

科普大学根据当下流行或前沿的科普知识，考虑市民需求，发挥专兼职教师特长，开设针对不同人群的各类公益性科普培训课程，例如结合亚运会科普的“迎亚运学科学运动”，动员市民接种新冠疫苗的“新冠疫苗小百科”，破解老年“数字鸿沟”的“玩转智能手机”，贴近市民生活的“智能化家电如何选”“家庭救护”，针对宝宝教养的“科学育儿”等课程。

课程主要通过学院班和社区班两种形式开展。学院班主要是在社区学院开课。为方便市民就近获得优质教学资源，尤其是满足时间或身体不便的老年人的需求，社区科普大学依托区、街道、社区的三级社教网络，实践上门送学（社区班），通过宣讲、海报、微信等多途径开展科普课程招生宣传。社区可根据课程菜单按需点课，社区科普大学统筹安排上门送教，做到辖区地域全覆盖。

自设立以来，科普大学共计开设科普课程 50 余门，开班 550 余个，送教进社区 80000 余次，覆盖整个上城区。

2. 动手体验，科学趣学

为了让科普教学“活”起来，社区科普大学根据区域特色，推出动手体验类的各项课程和活动，例如“品宋韵 承非遗 迎亚运”人文科普课程，涵盖宋代点茶、剪纸、结艺、二十四节气植物染等 5 次体验课，向市民科普宋韵

文化。

每年寒假，社区科普大学开展“新春惠民体验活动”，市民可通过微信公众号线上报名并参与各类科普体验活动。例如，中国印章文化普及和篆刻体验、中华陶文化和现代黏土创意制作、机器人知识普及和科技小制作、无人机知识科普和橡筋飞机制作等，深受市民尤其是儿童青少年的欢迎。

此外，科普大学不定期推出各类主题的科普竞赛和活动，例如“公民科学素质有奖竞答”“杭州亚运知识有奖竞答”等，让市民可以边答边学，掌握多种多样的科普知识。“亲子携手展科技”活动让家长和孩子在做中学、学中做，展现科技教育质量，推广航天、低碳等多种主题的科普知识。

3. 考察观摩，科普走学

每年科普宣传周、科技工作者日，社区科普大学都会推出科普走学活动，通过考察观摩学习形式，让居民更直观地了解科普知识。

走学具有直观性、临场性和寓教于乐的特点。例如走学各类博物馆、科普馆，最基本的教育活动就是参观馆内的陈列展览。场馆通过形象、直观的文物、标本传达科学知识，既有吸引力，也能给人留下深刻的印象。与课堂科普相比，在这里，市民变被动为主动，完全可以根据自己的兴趣、爱好和需要进行选择性学习。

五、实践效果：融通聚力，创新社区科普工作

融通聚力的社区科普大学是上城区开展社区科普工作的创新路径，通过完善资源共享机制，加强队伍建设，培养科普中坚力量，开发多样学习形式，按需施教注重实效，树立名片意识，打造科普社教品牌，把科技学起来，让科学活起来，令科普实起来，创新开展社区科普工作，成效显著。

具体而言，社区科普大学首先基于整合资源的视角建立了完善的社会化社区科普工作体系，用大科普观促进科普工作实践。科普大学动员社区教育、文

化建设、社区治理等相关领域，构建多元主体、协同共治的新格局，将工作深化并拓展到全方位，以科学文化素质为核心，有效提高社会对社区科普工作的认知水平和支持的力度，促进社区科普工作的发展，提升市民的综合素质。

其次，社区科普大学成为了社区科普与社区其他工作的互补平台。科普大学掌握了社区科普区别于其他社区工作的核心要点，进一步总结出社区科普的新时代特征，从差异中探索互补性，探寻彼此之间的可融合性，使得科普工作的实践更加深入和高效。

弗兰西斯·培根(Francis Bacon)曾说过："知识的力量不仅取决于其本身的价值大小，更取决于它是否被传播以及被传播的深度和广度。"社区科普大学有力地提高了科技知识传播的深度和广度，展现了上城社教的担当与作为。

第二节
公民警校　跨界融合

⊙

为进一步加大社区教育对社会治理、公民自治的影响力，推动社区教育融入社区治理，上城区社区教育委员会通过资源共享，成立了浙江省首家针对公民的警察学校。

七年来，公民警校组织发动社会力量并与之形成合力，创新了安防教育方法和志愿服务机制，在推动社会治理、公民自治的道路上取得了实绩，形成了共建共治共享的社会治理新格局，打造了新时代的“亲民尚和图”。

一、起源：居民自治机制建立势在必行

习近平总书记在中国共产党第二十次全国代表大会报告中指出，“健全共建共治共享的社会治理制度，提升社会治理效能”“加快推进市域社会治理现代化，提高市域社会治理能力”“建设人人有责、人人尽责、人人享有的社会治理共同体”。

作为全国社区治理服务创新实验区，上城应如何进一步加大社区教育对社会治理、公民自治的影响力，推动社区教育融入社区治理，从而打造社会治理新格局？

上城区社区教育委员会从 2015 年起就开始通过终身教育发展公民自治，从理论上探索社区教育融入社会治理的路径和机制，2016 年 3 月跨界融合各部委办局，联合机关单位、企事业单位和社会组织，通过党委领导、政府负责、社会协同、公众参与、法治保障的模式，创办了浙江省首家公民警校。

二、释义：公民警校

公民警校起源于英国，发展壮大于美国。我国上海警方以 2010 年世博会为契机，成功地引进了公民警校的理念和做法。上城区公民警校以 G20 峰会为契机成立，是浙江省首家公民警校（见链接 5-2-1）。

链接 5-2-1
上城区公民警校

上城区公民警校是一所面向辖区内公民的开放式学校，通过安防教育培训公民，使公民了解警务政策、法律法规、刑事司法体系以及犯罪预防的方法，从而促进公民更深刻地理解警务工作，并鼓励公民加入社会治理的志愿者队伍，成为社会治理的自治力量。公民警校已经形成了一条基于社区教育打造社会治理新格局的实施路径，并显现了上城独有的特色。

举办者：区社区教育委员会，跨界融合部委办局

办学宗旨：宣传防范、预防犯罪、服务人民

办学层面：区—街道（单位、学校）—社区，三级办学网络

生源：辖区居民及企事业单位人员

师资：社会各界专业人才

体验基地：各类体验基地

联盟：八大联盟

宣传：自媒体 + 新闻媒体 + 联盟

三、路径：跨界融合打造社会治理新格局

2016 年，上城区公民警校在区民政局备案，为民办非企业组织，确立了党政领导、政府主导、社会参与的非营利性与社会公益性相结合的单位性质。通过社区教育委员会牵头跨界融合各单位形成合力奠定辖区治理的基础，资源共享形成公民警校三级实体，采用三实安防课程体系覆盖全人群，并组建教学联盟，促进治理效能最大化。

1. 治理基础：社区教育委员会牵头跨界融合各单位形成合力

公民警校虽是民非组织，却通过区社区教育委员会得到了成员单位的大力支持，通过跨界融合区委政法委、区公安分局、区教育局、区委宣传部等 12 家成员单位的人力、物力及财力，保障了公民警校的起步发展和后续正常运作。

各部委办局根据职能分工，分为核心成员单位、业务指导部门以及参与的社会力量（见图 5-2-1）。公民警校内部设立临时党支部、教导处、办公室、教研室、监事会等决策、执行与监督机构，并制订工作方案、实施意见、警校章程，确保职责明晰。

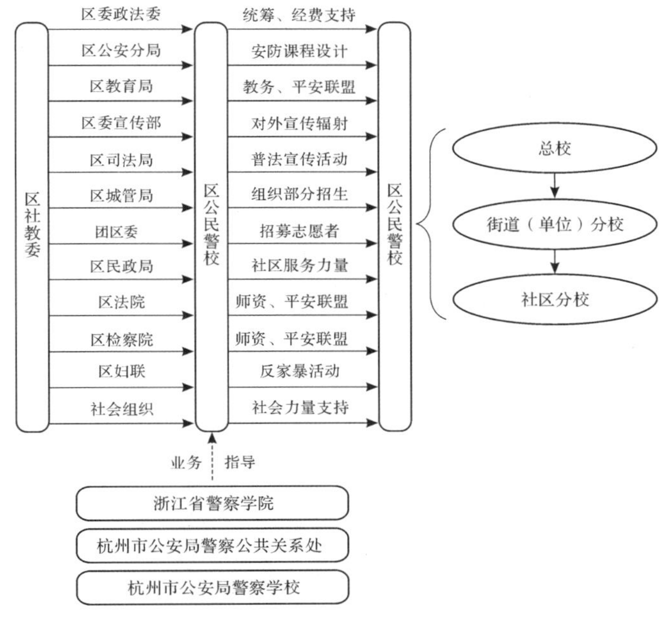

图 5-2-1　公民警校的建设框架

有别于政府各部门各司其职、各尽其责的独立管理体系，公民警校跨界融合的实体办学方式是社会治理格局创新。通过区社区教育委员会，充分挖掘各部委办局和社会组织的人、财、物资源——区社区教育委员会负责组织协调，区委政法委做好党建思想引领，区教育局负责教学管理和安排，区公安分局负责实战实训课程，区委宣传部负责安防宣传，区社区学院落实培训场地，区妇联、区红十字会、市文广集团、公羊队等协同参与。公民警校的培训活动打出了一套既独立又融合的组合拳，达到了社会治理效能最大化。

2. 治理主体：资源共享形成公民警校三级实体

公民警校依法开展各类社会公益办学活动，依托社区教育体系，建立起“区—街道（单位、学校）—社区”的三级办学网络，形成上下联动、优势互补的三级“公民警校”运作体系。

公民警校总校落址于上城区社区学院，主要负责贯彻落实公民警校的发展规划，组织每个月的主题活动，开展每周一次的平安家课程教学工作，制订各分校的教学计划和送教进社区服务。其具体职能由公民警校 3 名专职教师、4 名兼职教师及社区学院 3 名专职教师共同承担。

二级公民警校分校作为总校分支，包括辖区的街道、学校、区法院、区检察院等一些企事业单位，依托街道办事处综治部门、派出所及单位安全负责人，在各街道或单位挂牌，开展实体办学。其具体职能包括接受总校业务指导，组织开展分校教育培训，并做好社区分校的业务指导工作。二级分校每季度至少开展一场讲座或活动，每场活动不少于 100 人。

社区分校坐落于各社区，由社区居委会和片区民警合力运作，设立分校教学点，建立授课、值班、联调、服务、公益于一体的“邻里 110”。社区分校每月至少开展一场讲座或活动，每场活动约 30—50 人。

公民警校针对学员和教师制定了《教务管理办法》《学员守则》《平安联盟促建办法》《学员双积分制激励机制》《教师双积分制激励机制》《公民警校分校倒查机制》等规章制度，针对协作单位签订了培训协作协议，保持长期合作，形成了内外联动、社会踊跃参与的开放式办学格局。

3. 治理结构："三实"安防课程体系覆盖全人群

公民警校根据公民对安防教育的实用性、前置性的需求，注重安防教育课程内容的实操性，采用多样式的教学方式，促进公民提升安防知识与技能水平，满足公民受教育的需求。

基于宣传防范、预防犯罪、服务人民的办学宗旨，根据社会治理的教育要求和公民安全防范学习需求，公民警校依托社区教育体系设计了相应的教学体系，其课程以"实用、实战、实效"为原则，强调知识重实用、技能重实战、学习重实效，形成"三实"课程体系，并强化内涵建设。

截至2023年初，公民警校建立教务团队、讲师团队、科研团队，共有总校专职人员6人，分校兼职人员80余人，兼职教师180余人。讲师团队根据课程形式将具体课程分为传授类课程、交流类课程、体验类课程和活动类课程四类，按照课程内容分为人身安全、财产安全、警务常识、志愿服务、政策法规五类，具体又分为针对普通公民的基础篇章和针对社会治理志愿服务人员的拓展篇章（见图5-2-2）。

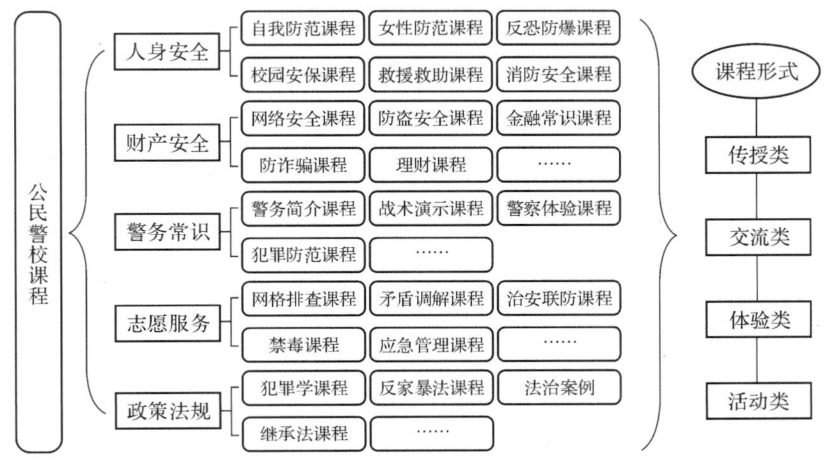

图5-2-2　公民警校的课程体系

公民警校面向公民实施“零门槛入学、零学分上课、零起点教学”的策略，公民警校依照安防课程体系采用多样的方式方法，如：将定期办班和菜单送课相结合、常规培训和专家讲座相结合、线上自学和线下培训相结合、固定教材和灵活学案相结合、理论讲解和实际体验相结合，力求学以致用，与生活工作无缝对接，突出培训的实效性。

应用型体验式教学和动态生成性案例教学都是很受欢迎的教学形式。应用型体验式教学指公民警校根据安防需求，配套建立禁毒体验馆、消防体验馆等，引导学员通过基地体验实用性的安防技巧，掌握相应的安全防范知识及技能。请看案例 5-2-1。

案例 5-2-1 应用型体验式教学基地：四季青街道安全体验馆

四季青街道安全体验馆（位于四季青交通治理中心）结合情景体验、角色植入、评估考核等方式，集宣、教、培、体、练等功能于一体，共打造了涉及居家安全、交通安全、消防安全及社会行为安全四大版块内容、16 个体验项目。

四季青街道安全体验馆利用最新的科技手段、场馆内空间及设备优势，打造了“高层逃生”“垂直电梯逃生”“火场烟雾逃生”“地铁应急逃生”等一系列交互式体验场景，强化群众的“沉浸式”参观体验感。

这一场馆，是公民警校开展安全教育的基地之一。

（杭州市上城区公民警校）

这个案例中的体验馆是公民警校应用型体验式教学的实践场，因为临场感强，教学效果很好。

动态生成性案例教学则由公民警校讲师根据热点治安新闻及最新报案案例，以案例为切入点开展教学，模拟案件现场，引导学员将安防知识转变为生活中的预防性技能。

整体而言，“三实”安防课程强调三点：

一是知识重实用，需要什么学什么。围绕人民群众迫切需要的防火、防盗、防诈骗等内容，采取“专业团队请进来，百名民警走出去”的方式，推出菜单式选课、送教上门等授课模式。

二是技能重实战，哪里有缺口补哪里。公民警校通过模拟“还原犯法”、受害群众“现身说法”、救援人员“实地护法”、专家学者“权威释法”等方式，生动揭露犯罪手段，提高学员对违法犯罪的识别能力以及自我保护能力。

三是学习重实效，怎么管用怎么教。公民警校推出创新性动态生成性案例教学，引入治安新闻热点及最新报案案例，通过解剖模拟识别诈骗电话等灵活的课堂教学方法，吸引学员，并启发引导学员防患未然。

此外，公民警校还定期印制校报、月刊、教学实录，在微信公众号“上城区公民警校”定期推送信息，日均点击量超3000，线上线下平台齐力做好日常的安防宣传工作。公民警校还推出了“文创”形象——“大头儿子小头爸爸警察”，将警察形象卡通化，并设计整体文创包装，广泛运用于微警务车、卡通警务站、防诈骗连环画、掌上平安游戏、警察微信表情包、警营文化建设、公共场所海报等领域，以大众喜闻乐见的形式开展防范宣传。

4. 治理机制：教学联盟促进治理效能最大化

为提高社会治理中公民自治的参与率，公民警校通过双积分制度等多种方式激励保障学校运行，并建立从学员到志愿者的自循环机制（见图5-2-3）。

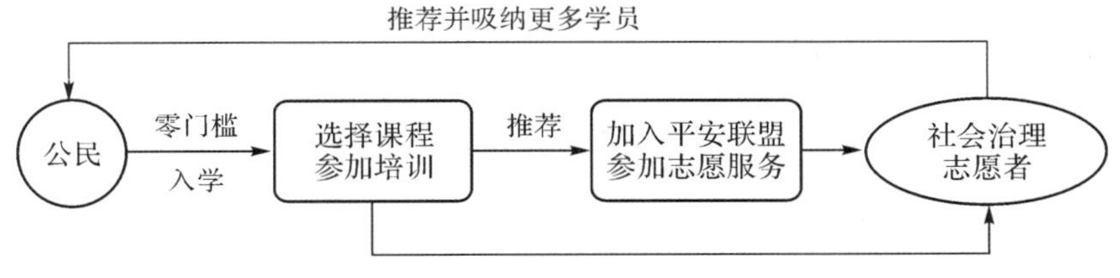

图5-2-3　公民警校自循环机制

基于开放性、公益性、自愿性、参与性及合作性的办学特点，公民警校进入社区、企事业单位做宣传，因材施教实施培训，公民可以根据自己的需求从课程菜单中选择相应的课程，每一位学员都可以在公民警校学有所获。

公民警校积极组织发动辖区各行各业以行业系统为单位集中招募学员，与辖区金融业、寄递业、保安服务等行业建立长期协作关系，要求上述行业从业人员必须定期参加公民警校组织的培训，并逐步探索、建立行业准入门槛。

针对广大辖区群众，公民警校依托总校及各分校现场授课的方式广泛招募学员，已形成“报名加入警校—选择课程—参加培训—反馈教学”一体化流程。

公民警校制订针对学员的《学员双积分制激励机制》和针对教师的《教师双积分制激励机制》，通过积分形式激励学员参与学习、参加社会治理服务，激励老师认真授课，为学员提供社会治理的教学服务（见图 5-2-4）。

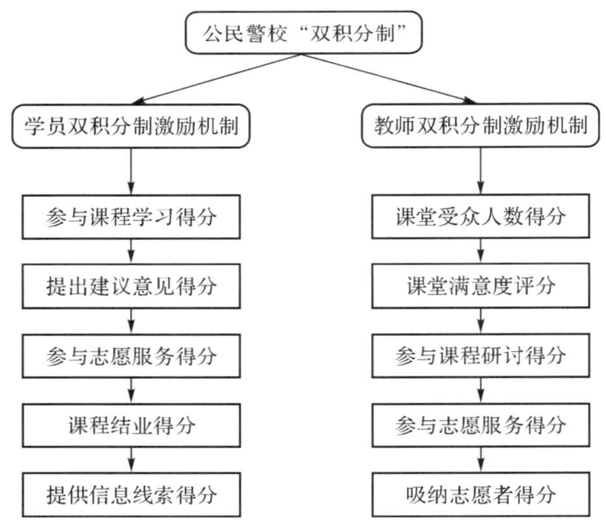

图 5-2-4　公民警校“双积分制”激励机制

学员享受学员积分、学员保险、绿色通道等学员福利。学员的双积分制指学习可积分、服务可积分，可兑换相应奖励，即对培训学习、平安建设及社会治理中成绩突出的学员以集中授奖、上门送奖、经验交流等形式进行奖励。截至 2022 年底，公民警校已累计发放奖励金 16 万元，后续筹备开展“好公民奖”评选。

教师双积分制指授课积分和服务积分，可兑换相应奖励。

总体而言，学员不仅能通过公民警校学到很多安防知识，体验警察工作的艰辛，理解公安工作的必要性，还能在毕业后加入平安联盟共同体，将自己的学习所得分享给亲友邻居。而警察与公民直接交流，能对辖区的公民有更多了解，明确公民需求，并为日后寻求公民的支持打下良好的基础，促进了公安工作的有效开展。

培训结束后，根据学员的特点和专业特长，有些学员还可以被推荐加入八大平安联盟共同体，参与社会治理志愿服务工作。平安教学联盟共同体是指依托参与警校教育的社会力量，根据行业特征、专业特长、区域特色及兴趣爱好，将学员中的优秀成员组建成各类以群防群治为主题的社会团体，截至 2022 年底有志愿者 4 万余人。请看案例 5-2-2。

案例 5-2-2 反诈联盟共同体

反诈联盟由全区 140 余家银行等金融机构的一线工作者构成。其中杭州市公安局上城区分局站前派出所反诈骗联盟自 2015 年 8 月成立，是杭州市首个区域性反诈骗联盟，包括 6 家银行、3 家大酒店和写字楼、网吧等共 20 家成员单位。

虽然现在很多银行都已有了一套自己的防骗系统，但银行的力量有限，被骗人又“当局者迷”，常常不听劝阻。被骗的人在一家银行遭到阻拦后，可能会换一套说辞，换一家银行继续汇款。有了这个联盟，银行工作人员一遇到类似的诈骗情况，就可以迅速告知周边的其他单位，共同防范。

区域性的反诈骗联盟既可以促进信息共享，又可以通过警民联动进行防诈骗宣传。以后，就算是住酒店，在拿房卡时，也会同时拿到一张反诈骗的宣传卡片。反诈骗将不单单是公安在宣传，也将成为全社会共同的行动。

（陈全江　杭州市上城区公民警校）

由上述案例可知，包括反诈联盟在内的各个平安教学联盟是公民力量、公民智慧的体现。公民警校汇聚民力，发动公民自觉承担维护社会治安的社会责任，成为公安工作的信息源、情报源。将公民的自治力量和公安机关的警察力量结合，形成更加紧密的治安防范网络。

公民警校已经建立了反诈联盟、消防联盟、医院联盟、禁毒联盟、反恐联盟、校园联盟、外语志愿者联盟及社会联盟等八大平安教学联盟共同体（见表5-2-1）。

表 5-2-1 平安教学联盟共同体简介

联盟名称	成员单位
反诈联盟	全区 140 余家银行等金融机构的一线工作者
消防联盟	由区消防安全委员会牵头，在各街道、各派出所建立消防工作站和消防办公室，汇集街道、社区及学员
医院联盟	浙大一院、浙大二院、浙大妇院等 10 家辖区内的大医院、辖区内的卫生院、社区服务站
禁毒联盟	全区各禁毒职能部门、党支部、街道、居委会、工青妇团及具有禁毒专业服务能力的工作人员，热心禁毒公益的公民
反恐联盟	包含公安、保安、工商、行政执法、环境卫生、经营商户等志愿者力量，试点在清河坊历史文化特色街区建设御街联盟
校园联盟	公安、交警、城管、市场监管、学校保安、值日老师、家长志愿者、社区特保组成的护校队伍
公民警校国际驿站暨外语志愿者联盟	100 余名外籍人员
社会联盟	公羊队
	都市快报“律师来了”律师团
	晴雨公益服务中心
	杭州电视台影视频道

政府扶持、社会组织参与，公民警校点、线、面三位一体建立立体的心防格局，通过平安联盟共同体发挥社会治理效能，有效提升群防群治力量的组织化和实战化水平。

截至2022年底，消防联盟检查单位17357余家，发现并整改问题4808件。

医院联盟自成立以来，医患纠纷、医院发案同比下降60%和79%。

外语志愿者联盟打造国际化“金字招牌”，既参加公民警校日常培训活动，学习中国法律法规，也承担联合巡逻等涉外警务接待工作，协助处置涉外案事件百余起。

四、实效：绘就新时代的“亲民尚和图”

作为区社区教育委员会跨界融合的产物，公民警校组织发动社会力量并与之形成合力，建立警民纽带，不断增强公民的安防意识，激发公民对社会治理的责任意识和参与意识，在推动社会治理、公民自治的道路上取得了实绩。

公民警校全力绘就新时代的“亲民尚和图”，形成共建共治共享的社会治理新格局。全区连续3年实现总警情、刑事警情、治安警情相对其他区下降最快，4类侵财案件立案、打处数据“两降一升”，连续13年获得“平安示范区”称号，成为全省首批荣获“平安金鼎”的城区……公民警校在辖区的社会自治上发挥了实效。

1. 亲——亲近群众、深入群众

公民警校搭建了警民关系纽带，通过各类培训活动，增加警察组织和社会公众之间的互动关系，有效减少了群众对警察的误解，使警民关系工作更趋系统化、常态化，最大限度地吸纳群众力量，并调动群众参与社会治理的积极性。4万余名在册学员对警校给予充分肯定，满意率在98%以上。

2. 民——汇聚民力、集聚民智

公民警校已组织、发动辖区内近4万名公民积极参与到平安建设和社会治理中。平安志愿者们围绕重点人、重点物、重点事等方面开展工作，学员志愿者成功阻止240余起电信网络诈骗案件，为群众挽回直接经济损失3500万元，并向群众发放宣传资料 20 余万册。自公民警校成立以来，学员共计提供有价值信息 1.86 万条，协助公安机关抓获各类嫌疑人 500 余人。

2018 年，在消防联盟的配合下，上城区顺利完成全市城市居住小区消防安全综合治理试点，火灾起数同比下降超过 70%，试点经验在全市得到推广，为全市消防安全治理提供了区域样本。2020 年疫情防控期间，学员志愿者参与志愿服务也取得了很大的实效。

3. 尚——崇德尚法、宣教普法

公民警校崇德尚法，充分利用电视台、报社等社会力量，对各类人群开展有针对性的普法宣传教育活动。

校园安全讲座进学校，宪法巡回宣讲进社区，实战演习活动设基地（少年警校、禁毒体验馆、反恐体验馆等），形式多样，寓教于乐，宣教有力，普法到位。

公民警校与杭州滑稽剧团连续合作，自编自导自演了 5 部防诈骗滑稽小品，喜闻乐见、寓教于乐，在辖区街道公开巡演时，获得了热烈欢迎和广泛赞誉。

普法宣教卓有成效。上城区通信网络电信诈骗发案率对比同期下降 36.1%。公民警校对来自全区 121 个金融银行网点不同岗位近 900 名平安志愿者进行了“通信（网络）”诈骗案防范培训后，成绩相当明显，通过银行柜台诈骗转账的案例，在上城区几乎是零。特别是 2017 年 10 月 20 日通过公民警校学员举报，公民警校抓获台湾籍诈骗嫌疑人，成功阻止了一起 460 万元的银行汇款诈骗案。

4. 和——三联多调、和谐与共

公民警校是枫桥经验的传承，更是枫桥经验的创新，三联调机制促进基层人大代表、本地知名媒体人、“律师来了”律师团、“老娘舅”以及公民警校学员等参与日常的纠纷调解，从多元化的第三方视角，把调解过程变成尊重民意、化解民忧、维护民利的过程，更好地践行了“以人民为中心”的矛盾化解理念。

办学以来，“公民警校”通过三联调机制共化解重大纠纷 20 余起，调解成功率达 90%。

5. 图——一张蓝图绘到底

一张蓝图绘到底，“亲近群众、集聚民智、崇德尚法、和谐与共”是“亲民尚和图”的生动内涵，公民警校实现了从部门联动到全民参与社会治理的转变，在“让每一寸土地都有精细化管理，让每一户人家都有心贴心服务”的基础上“让每一位公民都成为平安守护者”，在打造新时代枫桥经验城市样本中作出了有益的实践探索。

上城区社区教育委员会跨界融合、探索社会治理新格局的路径已经取得了一定实效，公民警校这一治理主体通过三级网络的运行有效地促进了社会治理的发展，跨界办学的创新形式很好地发挥了社区教育的教育功能和公安系统的安防功能。

后续公民警校将进一步完善运行体系，注重发挥各个职能部门的功能，强调各司其职、通力合作，进一步完善基层社会治理新格局的实施路径。

第三节
“匠心课堂 +”多元联动

⦿

“匠心课堂 +”，是上城社区教育品牌项目、浙江省成人教育品牌项目。

“匠心课堂 +”启动于 2016 年，是基于政府实事项目推进要求、社区市民学习诉求、美好社区创建需求、社区治理上城样本打造追求，以“为文化家园赋能，为美好生活助力”为宗旨，秉承“做细做实做精”匠心精神，汇聚区域终身教育多元力量，整合全域优质场地、师资、课程，走进社区、机关、学校等地，打造出的特色化、精品化、常态化的上城终身教育综合项目。

“匠心课堂 +”，是上城社区教育不断创新、不断延展的新路径，是集政府要求、居民需求于一体的社区教育创新之举。

一、项目支持：创建机制夯实基础，教育券保障实施

“匠心课堂 +”项目具有区域的特色，获得了政府及区域终身教育多元主体的大力支持。

在实施过程中，“匠心课堂 +”项目充分展现了接民需、精设计、善联动、强融合的特点，保持着全程高质量，让区域全年龄学习者随时随地接收新知识、享受学习乐趣、获得素养提升。

为了确保“匠心课堂 +”项目顺利开展，上城区以“终身教育券”为载体，融合区域社教资源，还通过推进社会治理变革，多元汇聚终身教育资金，形成了“政府拨一点、社会筹一点、单位出一点、个人拿一点”的多渠道筹措经费机制。

这些都为“匠心课堂 +”项目有效实施提供了有力的保障。“匠心课堂 +”项目自启动以来，截至 2022 年底，已累计投入 100 余万元，用于师资培养、课程培育、阵地培植等。

一直以来，上城区高度重视终身教育基地建设，尤其是区街社三级社教网络的教育基地建设比较成熟，这为“匠心课堂 +”项目发展夯实了基本条件，同 时也很好地满足了社区市民期盼在家门口就能学习的愿望。

上城区 2 个院区的社区学院、14 个街道分院、199 个社区市民学校、168 个文化家园、评选出的市民终身学习体验基地，均成为“匠心课堂 +”项目的教学场地。先进的教学设备、优美的学习环境、稳定的社区学习场所，为上城市民提供了十分优越的学习条件，有效保证了“匠心课堂 +”项目的正常开展。

二、项目团队：分工明确培养有方，专业师资彰显实力

团队成员是“匠心课堂 +”项目的主要承担者，是发展项目的关键力量，他们的专业化水平直接影响着项目运维的品质。

“匠心课堂 +”现已成立项目小组并搭建师资、阵地互通平台，完善专兼职教师队伍并定期开展教学研讨，助力项目科学可持续发展。

1. 团队运维：职能健全，分工明确

项目小组成员达成了以下的分工（见图 5-3-1）：

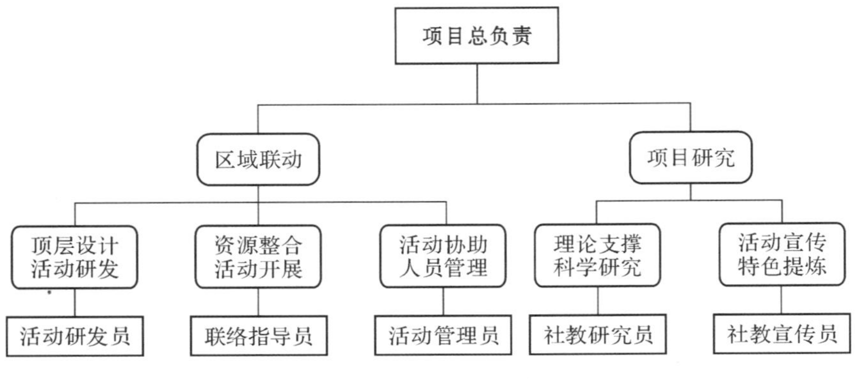

图 5-3-1 “匠心课堂 +”项目团队分工

2. 专兼职队伍：培养有方，日益完善

“匠心课堂 +”项目，推出了师资专项培训，确定了基础课程培训模块和拓展课程培训模块的内容，根据文化家园需求，开展社区居民需求对接、学情分析等专题讨论，并全力打造“匠心课堂 +”项目骨干团队，提升教师课程开发与课程实施能力。同时针对兼职教师，“匠心课堂 +”也开展了文化家园活动、课程研发等相关培训。

“匠心课堂 +”项目在志愿者队伍上拓宽渠道，从 4000 余人的志愿者资源库里优选人才，通过开展志愿者岗前服务培训、暑期校外辅导员培训等多种形式，提升社区教育志愿者的综合素质和服务能力，夯实了开展社区教育服务的能力基础，也为“匠心课堂 +”项目的开展提供了充裕的师资支持。

三、项目实施：多元联动持续推进，特色课程促进发展

“匠心课堂 +”项目关注终身学习需求多元化，统筹整合多部门教育资源，立足美好社区、未来社区的建设愿景，自实施以来，已经建立社区教育中各类资源的联合、联动、联通机制，助力了居民美好生活。

1. 确定项目方案：听民意，接民需

为使“匠心课堂 +”项目有效开展，区社区教育委员会办公室（简称“区社教办”）联动区教育系统开展“大走访”调研活动，深入社区的文化家园和居民家庭，切实听民意，接民需，征求意见。期间走访基层单位 86 个，走访社区家庭 230 户，收到意见建议 322 个，解决事项 190 个，制定整改措施 44 条。项目调研为项目方案的确立与实施奠定了扎实的基础。

区社教办、教育局以“整合社会资源，融入社区治理”为理念，将“匠心课堂 +”项目定位为集合了社区教育师资、课程、阵地的教育综合品牌项目，面向区域内的 0—100 岁的居民，引领市民学习，提升市民素质，营造上城区终身学习的氛围。教育手段为以评促建，助力师资、课程、阵地的建设与提升；以点带面，解决教育资源不均衡问题；通过成立项目小组、搭建互通平台、培育专兼职教师、定期教学研讨、落实专项经费、出台激励政策，科学高效地运维项目。

“匠心课堂 +”项目的有效实施，激发了社区居民学习活力，提升了专兼职师资能力，形成了区域各类教育资源合力，为完善“居民自治、辖区共治、社会善治”治理体系的上城样本做出了贡献。

2. 完善项目机制：巧设计，细落实

“匠心课堂 +”项目是一项政府主导、多方参与、协调运行的系统工程。上城社教建立了项目联动机制，根据区社区教育委员会各成员单位的职能范围，明确其在“匠心课堂 +”项目中的职责。每年召开的区社区教育委员会工作会议调动了成员单位在“匠心课堂 +”项目工作的主动性和积极性，保证了项目协调健康推进和持续高效开展。同时上城区政府先后出台的“社区好老师”“匠心工作室”“市民终身学习体验基地”“百姓学习之星”等评比文件，保障好师资、好课程、好场地，也助力了“匠心课堂 +”项目科学可持续发展。上城三级社区教育网络也在不断夯实，是“匠心课堂 +”项目的基石，为“匠心课堂

+”项目的开展与深化发挥了有效的推动作用。

健全的运作机制是保障项目有序健康发展的重要前提，项目组正确处理理论与实践的关系，既关注理论提升，又重视实践学习，不断总结有益的实践经验，围绕“匠心课堂 +”项目的核心——社区教育多元联动助力文化家园建设，逐步形成了规范化的培训运作机制，如专兼职教师项目化培训、“匠心课堂 +”项目授课教师、场地资源负责人研讨会等。对在全国、省市获奖的单位与个人，区社教办出台《关于表彰“市级及以上社区教育奖项获得者”的决定》，对获得者进行表彰，给予相应的奖金鼓励。

3. 推进项目实施：深挖掘，善联动

“匠心课堂 +”项目内容包罗万象，包括以下几个方面（见图 5-3-2）。

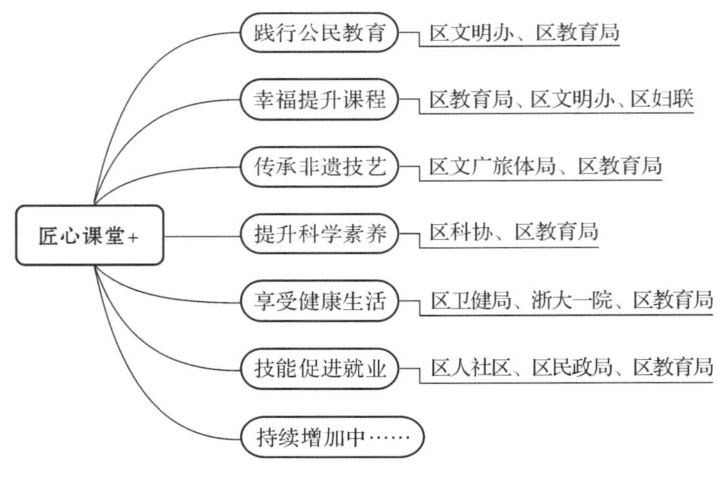

图 5-3-2 “匠心课堂 +”项目分类

“匠心课堂 +”践行公民教育。上城区从区域特色出发，充分运用“匠心课堂 +”项目，为了让公民教育能落地、有效果、能持续进行不懈地探索。区社教办与区文明办合作，联动区非遗保护中心，通过“匠心课堂 +”项目，挖掘出真切感人的民间故事、名人轶事、坊巷传说，提炼出蕴含在其中的中华民族的伟大精神、深厚文化，并把这些读本与微课送进社区，送到社区居民身边，使

之与时代血脉相连、传承不歇，对推进社区文化和精神文明建设起到了独特的作用。

“匠心课堂 +”开设幸福提升课程。在区文明办、妇联的关心支持下，“匠心课堂 +”项目面向家庭，围绕市民衣食住行、人际交往，涉及穿衣搭配、食品营养、旅游攻略等内容；项目组深入研究，开设“幸福家”课程。整期课程以家庭为单位，旨在通过家庭成员在一起学习实践的过程，学到实用知识、丰富生活品质的同时增进彼此的情感，实现物质世界和精神世界的双丰收。2021 年“幸福家课堂”被评为全国终身学习品牌项目（见链接 5-3-1）。

链接 5-3-1
幸福家课堂

“匠心课堂 +”传承非遗技艺。基于地域文化，为满足居民学习与展示的需求，项目组把非遗教育宣传工作作为全民终身教育的重要一环，让百姓“乐享非遗”，建立了全民参与非遗的新局面 ——针对不同受众群体，开展全域化、体验式的非遗保护宣传教育活动，实现以文化人、铸魂育人，增强文化自信；通过开展群众喜闻乐见、参与体验性强的非遗宣传展示活动，形成人人参与传承优秀传统文化的生动局面。

“匠心课堂 +”提升科学素养。区科协联合区社区学院，通过“匠心课堂 +”项目，送教进文化家园开展科普培训，针对不同类型的人群，内容涵盖科学技术、生活常识、家居环保等各方面；主要形式包括科普大学、暑期科普夏令营以及各类主题科普周活动。跨界融合师资，研发特色教材，助力上城科普工作成效提升。

“匠心课堂 +”享受健康生活。区社教办联合区卫健局、浙江大学医学院附属第一医院慢病管理小组，以人群的健康需求为中心，以区域特殊需求人群为重点，开展“身边的私人医护”系列培训，将丰富多样的健康教育活动送到居民身边，让他们真正学习到各类健康生活知识，把健康生活方式应用于日常生活之中；同时也通过有效的健康素养知识传播，探讨并初步形成全新的健康教育模式，使越来越多的上城市民享受到专业的健康教育服务。这已经成为具有一定影响力的市民终身学习活动品牌项目。

"匠心课堂 +"技能促进就业。从 2016 年起，"匠心课堂 +"项目整合上城区域资源，充分利用区人社局搭建的"创业创新"平台，定制"网上创业课程培训"。同时，"匠心课堂 +"又进一步开设就业型技能培训与技能竞赛，深受参训者欢迎，让参训人员掌握技能，打开思路，改变了"等就业"心理，积极就业创业，为提高家庭收入创造了条件。

四、项目辐射：注重宣传强化引领，品牌影响持续扩大

"匠心课堂 +"项目，旨在满足社区居民日益增长的终身学习需求，它打造了社会治理上城样本，让辖区的千家万户获得了"美好生活"的全方位感受。

1. 品牌广宣传

"匠心课堂 +"项目自启动以来，就非常注重媒体宣传。同时其社会效益及影响力也吸引了社会各界媒体的高度关注。通过浙江教育报、浙江终身学习在线、浙江社区教育网、浙江职成教网、杭州日报等多家媒体的宣传与推广，"匠心课堂 +"项目社会影响力不断扩大，"社区教育多元联动助力文化家园建设"的理念逐步深入人心。

2. 项目多获奖

"匠心课堂 +"项目注重品牌建设与经验总结，以课题为引领，在实践中加强提炼，形成培训与推广模式。行政评选条线，被提名"杭州市精神建设十大事件"。课程开发条线，有多个微课程及自编教材读本在全国、省市社区教育优秀微课程评选中获奖。科研课题研究条线，以工作中的热点、难点问题为课题，围绕"匠心课堂 +"项目实践与发展中的问题，积极开展各级各类课题研究，相关研究成果获奖众多：浙江省级奖项 8 个（一等奖 2 个、二等奖 2 个、三等奖 4 个）、杭州市级奖项 15 个（一等奖 3 个、二等奖 5 个、三等奖 7 个）。多篇研究成果在专业期刊中公开发表。

3. 经验重推广

“匠心课堂 +”项目通过“走进来”接待交流，近年来接待了来自于教育部教育发展研究中心、浙江省妇联、澳门成人教育学会、四川省教育厅、北京朝阳区、大连金浦新区、上海徐汇区、山东省淄博市高新区及杭州兄弟城区等各级各类单位的学习、考察、调研，获得一致认可与好评，成为上城区社区教育的一张金名片。同时“走出去”传经送宝，秉承成果共享辐射的思想，通过在“市社区学院院长会议”“第 24 期全国社区教育骨干研修班”“省成教骨干教师业务培训班”等会议培训上，以“上城社区教育的品牌创建”“以整合促融合，社区教育上城这样做”“践行‘匠心课堂 +’为文化家园赋能”“社区教育助力美好社区建设的上城样本”等主题，对“匠心课堂 +”项目进行了介绍与推广。

五、项目成效：创新模式内涵发展，终身学习成果丰硕

自实施以来，“匠心课堂 +”项目建立起了与社区、社会组织、社会工作的紧密联系及联合、联通、联动机制，建机制、兜底线、织密网，取得了多样化的成效。

1. 创建了从管理到治理的发展模式

社区教育正在成为深化社区治理的有效载体，“匠心课堂 +”项目让社区教育融入社区治理有了有力的抓手，已成为社区教育发展、创新的共同要求。社区教育与社区治理两者之间存在着强大的关联性与互通性，它们彼此相融，彼此互动，使得社区教育融入社区治理成为可能，也成为必然。社区教育融入社区治理，在服务于社区发展的同时也促进了自身的活力、生命力。而“匠心课堂 +”项目正是其有效的实践之一。

为了直观、量化地了解“匠心课堂 +”项目的实效，上城区社区学院通过定期发放调查问卷的形式，抽样调查上城社区居民对“匠心课堂 +”项目的满意度。数据结果显示，98.81% 的测评对象认为“匠心课堂 +”项目的声誉较好；99.60% 认为“项目团队”效率高、服务态度好；99.60% 的测评对象表示项目重视学员的意见，并能积极给予回应；86.56% 的测评对象肯定“匠心课堂 +”项目的发展前景（见表 5-3-1）。

表 5-3-1 “匠心课堂 +”项目满意度指数

满意度指数		得分
综合满意度指数		96.20
分维度满意度指数	形象与口碑	95.63
	各条线满意度	96.18
	服务质量满意度	96.70

2. 搭建了从配置到整合的资源平台

“匠心课堂 +”项目以“整合社会资源，融入社区治理”为理念，有效整合了全域资源，有力保障了美好社区的建设工作。

“匠心课堂 +”项目场地资源库从面广到点精，促进了社会优质公共教育资源与社区教育的有效融合，整合区、街道、社区三级社区教育及区域内其他各类教育资源，实现区域内教育资源效益最大化，为市民搭建起互动式、体验式的终身学习平台。

“匠心课堂 +”项目教师资源库从有到优再到特优，逐步建立起区、街道、社区三级社区教育师资库。专职教师重提升，双师型比例均达 100%。兼职教师重培养，呈现年龄年轻化、性别合理化、类型多元化的趋势。志愿者队伍重建设，专业不断加强，素质不断提升。

“匠心课堂 +”项目课程资源库串珠成链，继而结成网，以“九养上城”课程体系为依托，每年发布《上城区匠心课堂精品课程菜单》（见链接 5-3-2），基本满足中老年健康养生、中青年产学研用、青少年个性发展等需求，实现线上结合线下的多元学习模式和区域联动、共建共享的创建模式。

链接 5-3-2
“匠心课堂”
精品活动课程
菜单

3. 构建了从行政布局到自主生长的学习生态

“匠心课堂 +”项目以多元主体共同参与的联动机制为平台、以信息化平台建设为载体、以“九养上城”系列课程为根本，创新发展激发社区教育活力，拓展社区教育资源，推进社区教育内涵，实现社区教育与社会建设的协同发展，最终也实现自身优质、特色、长效发展。

“匠心课堂 +”项目实现多元主体，建立有效联动机制，调动了社区教育委 员会成员单位工作的主动性和积极性，开创了部门联动、社区互动、居民自动的终身学习新局面，真正形成了学习型城市建设的合力。同时，项目建立内部环境中人力资源、物力资源以及信息资源的协调措施，有效协调、有机统筹、有力融合，许多项目在居民学习的推动下，具有了自主发展的能力与趋向。“匠心课堂 +”项目走向了可持续发展与自主生长之路。

4. 形成了从活动到就业的培育成果

“匠心课堂 +”项目实施以来，为社区居民提供各类免费教育培训、活动，不少待就业或想创业的人员经过培训和活动，成功地找到了工作或走上了创业之路。

同时，项目也成功培育了一批项目示范户和行业内的领军人物，如“社区好老师”沈剑虹主推的“编织中国梦”妇女再就业项目、“七彩霞衣”妇女增能项目，通过爱心寄卖、认购等方式积累工艺基金，给予编织人员补助，回馈困难家庭；“匠心工作室”负责人许峰连续几年帮助浙江省特殊教育职业学院学生学习釉上彩，为特殊学生走上社会自力更生、科学就业提供帮助，他还走进工疗站教残障人士书画，带领残障人士文化创业。

上城区实施“匠心课堂 +”项目，为文化家园赋能，让社区全年龄的学习者在家门口就能接受新知识，获得新提升，拥有更多的学习机会，享受到学习的乐趣，让市民在美好社区中获得“美好生活”的全方位感受。

以“匠心课堂 +”项目为支点，上城区从强调实体网络布局向增强服务能力转变，从依靠政府主导推动向鼓励社会协同参与转变，从丰富学习资源向提升学习品质转变，从满足市民学习兴趣向引领市民学习需求转变，有效整合教师、课程及场地等资源，激活社区孵化、整合、传递、运作教育资源的功能。也正是基于此，作为全区域覆盖的“匠心课堂 +”项目最大程度地满足了上城市民个性化、多样化的终身学习需求，让人民群众有了更多的获得感、幸福感，助力上城推进“学习型城市”的建设。

第四节
乐龄学堂　幸福共享

⊙

老年教育是上城社区教育的重中之重。上城社教以服务老年人学习为宗旨，倡导终身学习理念，坚持传统服务方式与智能化服务并行，努力打造高水平、示范性的乐龄学堂（见链接 5-4-1），开展全方位老年教育，让老年居民享受快乐的学习，深受老年朋友的欢迎。

链接 5-4-1
乐龄学堂宣传片

一、乐龄学堂，形成上城老年教育品牌

截至 2021 年，杭州市上城区 60 岁及以上老年人口数达 229508 人，占上城区总人口数的 17.34%，与第六次全国人口普查相比，比重上升 4.35 个百分点——老龄化严重的局面，促使上城区加强对老年人日常生活以及精神世界的关注与关怀。

为积极应对人口老龄化挑战，2021 年《浙江省教育事业发展“十四五”规划》，2022 年《杭州市人民政府办公厅关于加快发展老年教育的实施意见》

提到，“丰富老年教育资源，满足人民群众家门口入读老年大学的需求”，体现了对老年人生活品质和生命质量的高度重视。

2004 年 4 月，上城区“终身教育券——七彩夕阳工程”正式启动，这标志着上城区社区教育中老年教育的起步。2014 年 8 月，上城区老年电视大学注册为民办非企业，实体化办学。2015 年，上城区社区学院被列为第一批浙江老年开放大学试点单位，由浙江老年开放大学上城学院主办，区教育局主管，由此上城老年教育铺展开新的画卷。

二、一院七点，制度健全管理规范

乐龄学堂依托上城区社区教育强大的资源优势，起步早、时间长、规模大、培训人数多、影响广。

继浙江老年开放大学上城学院后，近几年，5 所街道老年学堂又相继开办，形成“一院七点”的校园布局，实现了对全区半数街道的覆盖。其中，尚城老年大学和九堡老年学堂，更是被列为 2022 年的杭州市民生实事项目，共投入 176 万建设经费，进行了电梯加装等适老化改造。截至 2023 年初，7 所学校学员共 3000 余人。

为顺利运行乐龄学堂，社区学院领导班子统筹领导管理老年教育工作，并组建了一支管理经验丰富、专业扎实、团结协作、开拓进取的专职管理团队。乐龄学堂注重建章立制，建立了完备的应急机制，有《学员学籍管理制度》《老年学堂管理制度》《班主任工作职责》等一系列完整规范的教育教学规章制度，职责明确，以制度促管理。请看案例 5-4-1。

案例 5-4-1 疫情防控应急演练现场

“老师，我身体不舒服。”上城区社区学院教室里，学员 A 向任课老师报告。任课教师赶紧搬张椅子到教室外，请 A 佩戴好口罩，坐在椅子上等候，然后找到班主任汇报情况。

班主任拿来测温仪给A测温，发现A发热了。班主任告知老师和学员不要离开教室，立即与A保持一米距离，向临时隔离室走去。旁边几位老师在观察和拍摄……

（浙江老年开放大学上城学院）

以上案例描述了新冠病毒感染防控应急演练现场，通过演练，发现问题，提出改进措施，形成防疫应急方案，明确正确处理意外事件的流程，提高了管理团队应急能力。

乐龄学堂拥有一支爱岗敬业、师德高尚、热心公益的专兼职教师队伍，这可以保障老年教育培训活动顺利开展。学堂注重教师队伍建设，采取任课教师一年一聘制度。乐龄学堂师资来源广泛，有戏剧家协会、葫芦丝协会、书法家协会等行业协会的专家，各艺术院校的教师，兄弟学校的专业教师以及民间艺人等。聘任教师既不拘一格，又把好入门关。

乐龄学堂每学期都开展任课教师的听课评课教学研讨活动，同个专业的老师相互学习。学堂每年初制订教师培训计划，举办两次专兼职教师培训活动，不断提升专兼职教师的自身素质及教学管理水平。

学员对于乐龄学堂授课教师和课程内容的整体满意度较高。优秀教师事迹在智慧校园平台开展系列宣传，“最富有魅力教师”“最具有亲和力教师”等荣誉称号不断激励教师为老年教育作贡献；同时乐龄学堂凝聚人心，留住优秀师资，增强老师们的成就感和使命感。

三、多元荟萃，教育内涵不断深化

线下学习是老年教育最传统的形式。乐龄学堂的线下学习立足于整合区域资源，不断扩大学习规模，丰富学习内容与形式，让更多老年人享受到优质教育培训与学习体验。

1. 整合力量，丰富课程，规模不断扩大

乐龄学堂充分整合、利用辖区内社会资源与社会力量，共同参与老年教育市场化运作。以老年人身心健康教育为例，与部委办局、浙大一院、浙大二院、浙江省中医院、杭州市第一医院等协作，开展双向转诊、专家预约、同质化培训、特色学科培育等方面的合作，共同推出“身边的私人医护”系列培训，深受老年居民的欢迎。

乐龄学堂注重发展、融合区域特色文化资源，共同打造上城独有的特色项目。例如乐龄学堂在老年教育上增设了历史文化课程、旅游文化班、南宋民俗课程、走读杭州课程，还编印《迎亚运说英语》等院本教材，使区域文化生活覆盖面更广。

乐龄学堂发挥品牌优势，联合政府职能部门发挥各自资源优势，形成多种办学模式并存的良好局面，助推老年教育“一院多点”布局，为破解老年大学一座难求困局提供了成功案例。

乐龄学堂探索街道取向的老年教育“融”模式，联合街道成立街道老年学堂，望江街道老年学堂、清波街道老年学堂和九堡街道老年学堂相继挂牌开学。学堂整合利用社区居家养老资源，成立丁兰街道老年学堂，形成老年教育与养老机构资源对接整合，实现养教合一、教育养老。

乐龄学堂在社区学院景芳院区成立了杭州市尚城老年大学，2022 年春季 20 个班级开启常规课程，全力打造新上城又一所优质老年大学，让资源发挥辐射作用，实现了老年学校在老百姓家门口高质量办学，提供了优质老年大学建设的范例。

乐龄学堂课程设置科学，教学内容紧贴需求并不断更新，教学形式灵活多样，不仅吸纳上城区老年学员，也有滨江、拱墅、西湖等地区的老年市民前来报名。

乐龄学堂每年组织开展主题鲜明的成果展示活动，包括舞台汇报、书画、摄影、手工作品和智慧校园平台云空间的作品展示等，充分表达老年朋友对生活的热爱。如 2021 年，开展了以“喜迎建党百年，共享幸福生活”为主题的区域成果展示活动，上城区老年大学和上城区文化馆也参加了本次活动，三方互促互学，

共同进步。

正是因为乐龄学堂完善了资源整合和融合，上城区老年教育规模不断扩大。2022 年在册学员近 3000 人次，班级 105 个，开设课程 27 门，涵盖声乐合唱、健身舞蹈、书画器乐、智能手机、英语口语、时装走秀、国学摄影和远程教育等热门课程。乐龄学堂的部分招生简章请见图 5-4-1。

浙江老年开放大学上城学院景芳院区、九堡街道老年学堂、丁兰街道老年学堂

2022年春季招生简章

浙江老年开放大学上城学院获评2021年浙江省老年教育优质（示范）学校，新增景芳院区，同时负责九堡街道老年学堂和丁兰街道老年学堂教学管理

浙江老年开放大学上城学院景芳院区课程安排表

序号	班级名称	培训时间	培训内容	学员要求	招生人数	费用(元)
1	葫芦丝初级班	周一上午09:00-10:30	从零基础学习1-2级乐曲演奏	有^{b}B调葫芦丝，75岁以下	25	120
2	越剧教唱班	周一下午13:30-15:00	传统越剧教唱	75岁以下	30	120
3	电子琴初级班	周一下午13:40-15:10	电子琴的基本操作及演奏	喜欢音乐，75岁以下	16	150
4	太极拳班	周二上午08:40-10:10	传统38杨式太极拳	75岁以下	30	120
5	智能手机强化班	周二上午08:50-10:20	智能手机功能的应用	初学者，80岁以下	40	0
6	养生保健班	周二上午09:00-10:30	老年人科学养生知识	80岁以下	30	120
7	手机摄影班	周二下午14:00-15:30	智能手机摄影及后期制作	有一部照相功能的智能手机，75岁以下	30	120
8	纸艺手工班	周三上午09:00-10:30	用卷纸手工编织平面美术作品	有耐心，喜欢动手，70岁以下	30	120
9	时装班	周三上午09:30-11:00	优雅气质走姿站姿训练	70岁以下	25	120
10	书画班	周三下午13:15-15:15	书法笔法与结构以及国画介绍	80岁以下	30	150
11	朗诵班	周三下午13:30-15:00	普通话基础知识、朗诵技巧、朗诵作品的学习	有一定的文学素养，75岁以下	30	120
12	英语口语初级班	周三下午14:00-16:00	字母、音标以及简单的英语日常会话	75岁以下的英语爱好者	30	120
13	中国舞1班	周四上午08:30-10:00	舞蹈基础要点、身韵组合、古典舞和民族舞等	有节奏感，70岁以下	25	120
14	旅游文化班	周四上午09:00-11:00	听讲座周游世界	80岁以下	80	120
15	古筝初级班	周四上午10:00-11:30	古筝基础练习，简单曲目	喜欢音乐，70岁以下	12	150
16	中国舞2班	周四上午10:10-11:40	舞蹈基础要点、身韵组合、古典舞和民族舞等	有节奏感，70岁以下	25	120
17	声乐1班	周四下午13:20-14:50	乐理知识及发声技巧，学唱各种风格的歌曲	有乐感，喜欢唱歌，75岁以下	50	120
18	中华韵入门班	周四下午14:00-15:30	中华韵初级站姿组合	70岁以下	25	300
19	声乐2班	周四下午15:00-16:30	乐理知识及发声技巧，学唱各种风格的歌曲	有乐感，喜欢唱歌，75岁以下	50	120
20	远程教育班	根据电视大学教学安排	据电视大学教学安排（集中与自学相结合）		50	0

景芳院区上课时间和次数：2022年3月7日起，每周一次，共12次

景芳院区上课地点：上城区昙花庵路209号

上城区九堡街道老年学堂课程安排表

序号	班级名称	培训时间	培训内容	学员要求	招生人数	费用(元)
1	合唱提高班	周一上午08:50-10:20	学习三声部合唱排练	有良好的节奏和乐感，75岁以下	50	120
2	独唱基础班	周一上午10:30-12:00	零基础成人独唱	热爱音乐，喜欢唱歌，75岁以下	50	120
3	舞蹈提高1班	周二上午08:30-10:00	学习身韵、古典舞和民族舞等舞蹈	有舞蹈基础，70岁以下	25	120
4	合唱班	周二上午09:00-10:30	中老年声乐基础训练	有良好的节奏和乐感，75岁以下	50	120
5	书画提高班	周二上午09:00-11:00	学习山水画的树法与石法	80岁以下	30	150
6	舞蹈基础班	周二上午10:10-11:40	学习身韵、广场舞、古典舞和民族舞等基础动作	70岁以下	25	120
7	舞蹈提高2班	周二下午13:00-14:30	学习身韵、古典舞和民族舞等舞蹈，表演知识训练	有舞蹈基础，70岁以下	25	120
8	葫芦丝提高班	周三上午09:00-10:30	学习2-3级的葫芦丝乐曲演奏	备有C调葫芦丝，75岁以下	30	120
9	朗诵基础班	周三上午09:00-10:30	普通话基础知识、朗诵技巧、朗诵作品的学习	75岁以下，有一定的文学素养	30	120
10	模特提高班	周三上午09:00-10:30	学习中老年模特基础走秀，旗袍走秀	70岁以下	25	120
11	葫芦丝中级班	周三下午13:00-14:30	学习3-4级的葫芦丝乐曲演奏	备有C调葫芦丝，75岁以下	30	120
12	模特基础班	周三下午13:00-14:30	学习中老年模特基础走秀，旗袍走秀	70岁以下	25	120
13	古筝中级班	周四上午09:00-10:30	学习考级乐曲及时下流行乐曲	古筝学习2年以上，70岁以下	17	150
14	古筝初级班	周四下午13:30-15:00	学习古筝基本弹奏及简单上手的乐曲	70岁以下的音乐爱好者	17	150

九堡街道老年学堂上课时间和次数：2022年2月28日起，每周一次，共12次

九堡街道老年学堂上课地点：上城区杭乔路211号（九堡街道社区活动中心）

图 5-4-1　乐龄学堂招生简章

2. 共享资源，层级送教，辐射更为广泛

乐龄学堂利用三级社教网络，每年通过发放菜单和社区点课的形式，送教进社区文化家园，以智慧助老、科学课堂、匠心课堂、幸福家课堂等多个主题，开设智能手机、健康养生、食品安全、花鸟鱼虫、养老护理、垃圾分类等近百门受老年居民欢迎的课程。

由街道、社区居民点课，乐龄学堂发挥师资优势，整合区科协、教育局、卫健局、民政局等部委办局的资源力量，指派专业优秀教师或社教志愿者送课进社区文化家园。

2018—2022 年这 5 年来，乐龄学堂每年送教进街道和社区达 30 多个教学点，100 多次课程，年均受益社区老年居民达 2100 余人次，真正做到不出家门就“享学”优质丰富教育。

3. 规范融通，展现所长，效益日趋突显

为进一步激发学员终身学习的热情，乐龄学堂组建了老年教育艺术社团，老年朋友可自主报名，选拔录入。

艺术社团制订了细致的培训目标与培训计划，每周固定时间开展活动，成员立足于自身特长与兴趣，将专项培训、自主学习与实践展示有机融合，并且运用所学、所长服务于社会，积极参加终身教育节开幕式等交流和展示活动。2021 年 1 月，艺术社团荣获“全省老年教育优秀社团”称号。

2018—2022 年这 5 年来，艺术社团送演到学校、军营、街道社区、敬老院，共演出 100 多场次，如多次到唯康老年公寓、长乐老年公寓等地进行慰问演出，给老人们带来欢乐；建军节到武警部队和战士们同台演出，展现军民鱼水情；进入各街道社区进行科普知识、食品安全知识、健康生活方式等主题的宣传展演……展现老年人“活到老学到老”的精神风采。

乐龄学堂让老年人参与到艺术社团活动中来，让老年人有了更新的学习内容、更丰富的学习生活内涵、更多元的自我展示平台。乐龄学堂不仅取得了良

好的社会效益，也助力老年人实现了自身的“老有所为”。

4. 增长见识，体验文化，形式更趋丰富

为增加老年教育的受益面，乐龄学堂将每周一设立为固定的老年体验活动日，组织辖区内老年人走进市民终身学习体验基地，开展各类研学活动。老年体验活动日参与人数较多，年均逾 1000 人次；百姓满意度较高，98.3% 的受访老人认可这样的活动。老人们从中体验到了中华优秀传统文化、地域特色、红色基地等元素，感受到了杭州的美丽、生活的幸福以及自身的成长。

四、智慧校园，线上联通智慧学习

线上学习是老年教育发展的新特点和新路径，乐龄学堂进一步汇聚社教数字资源，老年人可通过线上、线下多种渠道参加学习，这提升了老年教育的便捷性。同时，乐龄学堂通过提高老年教育智慧管理服务能力，推动了上城区老年教育提质扩容。

1.“e”学：功能汇聚，智慧管理

上城区有着数字化学习社区“e 学网”，有着口袋里的学习圈“微学通”。对乐龄学堂而言，它们提供了丰富的学习资源，老年学员可以任意共享平台上的课程和资讯。

“微学通”是上城社区教育的微信公众号。自 2019 年 11 月起，乐龄学堂全面采用“微学通”平台管理智慧校园（见图 5-4-2），包括智慧教务管理（报名、缴费、退费、签到、通知等）、智慧班级管理（班级圈运作）、智慧学习系统（在线学习系统）、智慧个人管理（学习过程全记录、学习完成获积分、学分银行打通以及积分兑换）。上课前，学员可以在后台设置课前提醒，系统通过短信的形式发送给学员。老年大学报名和缴费都在手机微信上操作完成，学员报名实现“一次不用跑”。

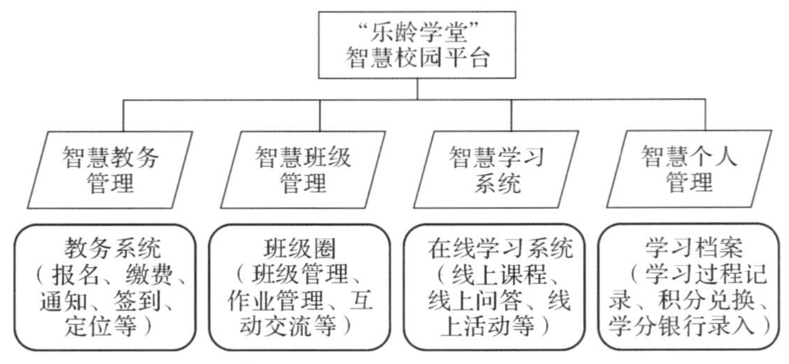

图 5-4-2 乐龄学堂智慧管理

2021 年 11 月，"微学通"推出了 3.0 版，从学习平台蜕变升级为学习平台"母机"。老年教育依托这一学习平台"母机"，通过积木式模块化的后台搭建，简易、快速、零成本地定制自主性学习场景，无缝调用"母机"开放平台信息和技术，实现个性化和智能化的老年教育。扫一扫乐龄学堂专属二维码（见链接 5-4-2），就可进入老年人专属的学习场景，好比进入了虚拟的老年学校。

链接 5-4-2
乐龄学堂
专属二维码

智慧管理促进了老年教育在服务、应用上的发展。线上学习缓解了疫情期间课堂教学的困境，顺应了新形势下老年教育的发展，扩展了老年教育覆盖面，为老年教育的可持续发展注入了新的活力。

2."微"学：多元整合，智慧学习

乐龄学堂也通过多元整合、普及推广丰富线上资源，推出九养上城、幸福 e 家、科学课堂、战疫时课等适合老年人的线上学习内容，推进老年人终身学习，真正实现人人皆学、处处能学、时时可学。

"九养上城"是上城区的特色化、系统性课程，九大类下都有丰富的课程。现有线上资源 3000 余个，其中"乐龄颐养"是专为老年人研发的课程。

"幸福 e 家"是针对老年学员的线上课程，主要包括每日一课（微课）和直播课程。疫情停课期间，线上教学发挥了极大作用，为满足老年学员对课程学习的需求，发挥优质教师资源优势，乐龄学堂利用"微学通"推出抗疫内容

的“战疫时课”，同时运用云直播技术，每天上午开展直播教学，涵盖中国舞、器乐、声乐、书法、时装、国学和旅游文化等内容，课程辐射面更广，受众更多。教师在教学中和学员积极互动，学员们踊跃参与课程直播，直播结束后通过平台多次观看回放。

科学课堂则以语音形式播出，内容涵盖生活妙招、科学养生等多个方面，尤其适合视力欠佳的老年学员。截至 2022 年底，共计发布线上微语音课 200 余节。

五、乐龄学堂，越办越好永居上乘

乐龄学堂积极拓展区域的老年教育资源，不断丰富老年教育的内容形式，持续提升老年人学习的参与面与活跃度，整合共享全市老年教育数字化资源，推进引导老年人了解新事物、融入智慧社会、享受智慧生活，实现了上城区老年教育的创新发展。

1. 提升老年教育的便利性

数字赋能能有效提升老年教育的便利性。作为疫情期间有效的学习载体，录播推介课程和直播课程打破了时空限制。乐龄学堂的每次直播课程都有近千人一起学习交流互动，微信平台的点击量持续上升，2022 年来阅读点击量达 17 万余次。

乐龄学堂便捷性、多元化、辐射广的特点也让更多的市民了解老年教育，满足了学员多样化的学习需求，增加了学员的学习参与度，既产生了良好的社会反响，又满足了老年学员碎片化、移动化、社区化的学习需求，扩大了乐龄学堂的教育影响力。

乐龄学堂引导学员通过平台报名、线上学习等方式，让老年市民突破学习的时空限制，扩宽学习渠道，改进和丰富了老年学员学习的载体和模式，使老年学员享受到了数字化带来的便利。

智慧校园让教务管理更便捷，特别是老年学校的报名和交费流程实现了无纸化、远距离的便民操作；完善了学员学籍管理，实现了大数据抓取，形成了统一的学习成果认证制度、平台积分管理制度；且对接学分银行，提升了数字化智能教育服务和老年教育的便利性。

2. 提高了老年市民的生活品质

老年市民对乐龄学堂学习环境、授课教师、课程内容的满意度均比较高。乐龄学堂让老年人享受了学习的乐趣，提升了他们的精神生活品质。请看案例5-4-2。

案例 5-4-2 乐龄学堂的受益者

84岁高龄的草书班学员韩光辉，退休后就来到乐龄学堂学习书法，学了很多年。每次来乐龄学堂，他的心情都特别好。他的作品经常在本省市乃至全国各级中老年书画比赛中获奖。他还是上城区退休教师书画研究会副会长，专门组织退休教师在杭州市解放路新华书店开办书画展。

"学而优则教"的唐善能老师，原是葫芦丝班学员，因为对葫芦丝的热爱，成为葫芦丝高手，后被返聘为乐龄学堂葫芦丝班的任课老师。唐老师每次来上课都身着盛装，脸色红润。他神采奕奕地说："乐龄学堂是我的精神家园，为学员上课增强了我学习葫芦丝的使命感，我的退休生活越来越充实精彩！"他的葫芦丝教学充满了愉快的生活气息和青春活力，让学员在美妙的音乐中陶醉不已，焕发了老年朋友们的生命力。

（浙江老年开放大学上城学院）

由上述案例可知，学员们通过乐龄学堂学习，实现了老有所教、老有所学、老有所为、老有所乐。通过学习，他们进一步提升品德、学识，不断调整自己的社会角色和社会身份，开发自身潜在才能，继续为自己创成就，主动弘扬社会正能量，为社会作贡献。他们不仅是学员，更是服务社会民生、促进社会和谐发展的力量。

3. 取得了良好的社会声誉

经过多年努力，以“乐龄学堂”为代表的上城区老年教育事业发展成效显著，老年教育网络日益健全，走在了全市、全省乃至全国的前列（见表 5-4-1）。

表 5-4-1　乐龄学堂所获荣誉情况

时间	荣誉情况	颁奖单位
2012 年 6 月	杭州市级先进分校（教学点）	杭州市老年电视大学
2015 年 5 月	杭州市老年电视大学市级示范教学点	杭州市老年电视大学
2016 年 12 月	杭州市级先进单位	杭州市老年电视大学
2017 年 3 月	浙江省首批成教品牌	浙江省教育厅
2018 年 11 月	杭州市级办学先进单位	杭州市老年电视大学
2019 年 1 月	浙江省社区教育优秀工作品牌	浙江省社区教育指导中心
2021 年 1 月	首批浙江省老年教育优质（示范）学校	浙江省教育厅

乐龄学堂成绩显著，经常接待省市领导和兄弟学校来调研和考察。媒体对上城乐龄学堂非常关注，《浙江老年报》每年都有宣传报道，杭州电视台、杭州日报、杭州新闻、学习强国对上城区“以人为本”的老年教育也有许多专题报道。

与时俱进的老年教育，能帮助老年人应对老年时期的各种挑战。

2021 年，浙江省教育厅、发展和改革委员会发布了《关于高质量营造未来社区教育场景的实施意见》。2022 年，中共浙江省委老干部局、浙江省教育厅、浙江省老龄工办联合发布了《关于高质量推进老有所学的实施意见》。上城也迎来了区划调整，地域面积扩大，老年人口增多，为乐龄学堂发展提供了广阔天地。高质量未来社区教育场景的建设，也为乐龄学堂的发展提供了更大的舞台。

参考文献

[1] 黄瑞芬. 中等职业学校科普教师队伍建设途径研究与实践——以中山市坦洲理工学校为例 [J]. 卷宗. 2019(29):242.

[2] 李帆. 浅谈博物馆科普活动的组织与推展 [C]. 第六届馆校结合·科学教育论坛,2014:433-499.

[3] 龚海燕. 警察公共关系的转型与建构——以上海公民警校的实践为案例 [D]. 上海：复旦大学,2011.

[4] 郑万新. 和谐警民关系视野下的"公民警校"建设[J]. 公安教育,2010(10):4-7.

[5] 浙江省发展和改革委员会，浙江省教育厅. 关于印发《浙江省教育事业发展"十四五"规划》的通知 [EB/OL]. (2021-06-28) [2022-07-22] .https://www.zj.gov.cn/art/2021/6/28/art_1229505857_2307023.html.

第六章
深耕数智，惠及全域全龄的智慧教育架构

数字化时代，信息技术正在改变着人们的生活方式与学习方法。世界因信息化而更加多彩，生活因信息化而更加丰富。信息化改变的不仅仅是人们的衣食住行，还在不断拓展和满足人们更高层次的需要。

与时俱进、把握民需是上城区社区教育的特色与特长。为了使学习平台为个人、为社区提供更精准的学习支持，让家庭教育指导与服务更为专业与便捷，帮助更多老年居民跨越数字鸿沟……于是，上城教育有了“微学通”3.0，有了星级家长执照，有了智慧助老工程。

今后，上城区还会有更多的探索与实践。推进数字化学习，上城社教在路上。助力数字化生活，上城社教全力以赴。

第一节
“微学通”的迭代　从 1.0 到 3.0

⦿

在数智社会，信息技术与教学方式产生了深度融合。杭州市上城区推出的数字学习品牌“微学通”（杭州上城社教）创新社区教育载体，形成了助力市民终身学习的新模式，全力打造了“市民口袋里的学习圈”。

秉承“走小步不停步”的发展策略，“微学通”从 1.0 升级到 3.0，其理念内涵和技术应用不断迭代发展。“微学通”的演进史，就是上城社教数字化学习的推进史。

用现代信息技术全力助推社区教育创新发展，提升社区教育的有效供给，为学习型城市建设提供有力支持，“微学通”及其背后的上城社教人一直在努力。

一、“微学通”1.0：市民口袋里的学习圈

为满足市民日益增长的移动化、碎片化学习需求，上城区依托微信公众号“杭州上城社教”作为平台入口，创新社区教育载体，基于 PC 端终身学习平台

“e 学网”，搭建移动学习平台“微学通”。

2015 年 1 月 1 日，“微学通”正式发布，实现了“一个平台两个终端”的服务模式（见图 6-1-1）。基于同一个终身学习后端数据中心，PC 端“e 学网”和移动端“微学通”完全实现了学习资源、学习成果、用户数据的互通共享。

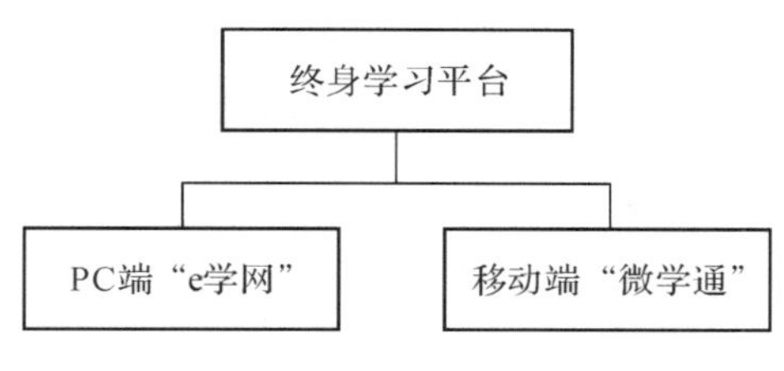

图 6-1-1　一个平台两个终端

1. 体现“理念新、整合优、交互强、数据广”四大特征

横空出世的“微学通”集微信公众号、手机 APP 的功能于一体，真正实现居民随时、随地、按需学习的愿望。它作为上城市民“口袋里的学习圈”，具有以下四大特征。

（1）理念新。

“微学通”基于“O2O”模式，基于上城社区教育实际，整合了十几万“e 学网”学习用户和线下多重实体培训，通过搭建一个移动学习平台，实现了线上线下相互整合，顺应了新形势下社区教育的发展，创新了社区教育理念，丰富了社区教育的教学模式，变革了社区居民的学习形态，为社区教育可持续发展注入了新活力。

（2）整合优。

微平台整合了优质资源（包含人力资源、课程资源等），尤其是课程资源方面，采用联合开发、优秀引进及自主研发三大形式；抓好社区教育委员会成员单位联络员队伍，达成“微信叠加宣传、资源共建同享”的共识。通过在区域内开展各类微课征集、评选等活动，整合部委办局和企事业单位的优秀课程、“e 学网”热门课程以及社区居民的草根课程等，满足人人、处处、时时在平台的学习需求。

（3）交互强。

平台集合了微信公众号（自动推送信息的功能）、手机APP（交互功能）的特点，增加在线报名组班、学习资源推送、学习过程跟踪、学习圈交流、横向答疑、学习评价等交互功能，集报名、学习、管理、互动于一体。作为学习者，关注平台就能获得信息推送、浏览培训信息、在线报名、参与知识竞答、参与调查、在线学习及回复征求意见等内容。报名相关课程成功后，还能进入相对应的班级圈，进行即时提问、作业提交及请假、满意度评价等，架起了教育服务提供者与服务对象之间的桥梁（见图6-1-2）。

图6-1-2　交互功能

（4）数据广。

大数据思维是互联网思维中最具有生命力、前瞻性的思维。随着“微学通”长期的运营，数据不断积累，建立了完善的统计管理功能。利用互联网思维中的大数据思维，平台能对调查问卷、知识竞答、在线报名等进行统计和分析，为行政决策提供依据。

2. 创新成人移动学习“12335”模式

为实现随时、随地学习，基于“微学通”的实践，初步形成了移动学习“12335”模式——坚持1个中心，遵循2个原则，提供3大平台支持，探索3类学习路径，实现5大服务功能（见图6-1-3）。

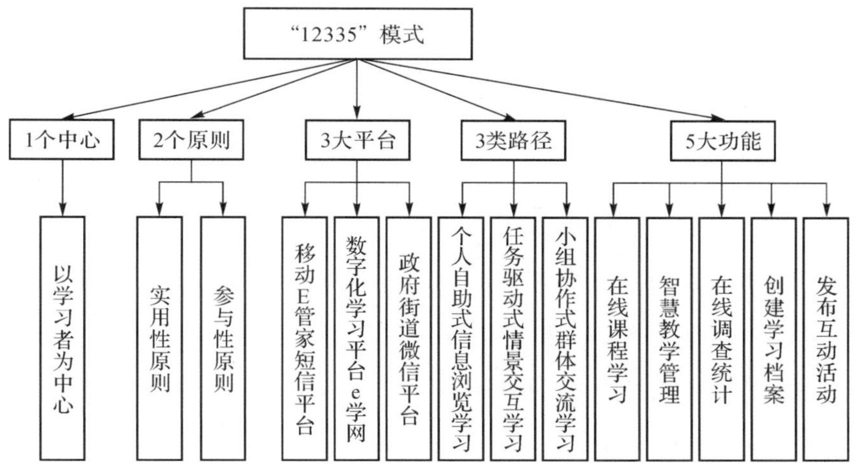

图 6-1-3 “12335”模式

（1）坚持 1 个中心。

为了提供有效的社区教育资源供给，平台坚持“以学习者为中心”，坚持“民呼所学，我应所教”宗旨，紧紧围绕市民所需，设计丰富的学习内容，创设灵便的学习平台功能，提供贴心的学习支持，满足市民多层次、全方位的学习需求。

（2）遵循 2 个原则。

实用性原则——移动学习以其短、频、快的特点深受市民喜爱。上城社教开展了市民学习需求调查后发现，生活化、实用性的微课程最受市民欢迎。2015 年，通过购买、改编、整合、自编等形式，平台汇聚了一批社区教育系列微课，定期推送，丰富学习资源，提升市民持续学习的动力。

参与性原则——通过开展各类趣味性的知识竞答、创设虚拟的班级圈交流、提供交互的主题活动情景、建立积分兑换机制等形式，提高市民参与的积极性。市民只要在学习平台参与学习、交流，就能获得相应积分，达到一定积分能兑换实物或者代金券。将生活与学习相结合，让市民的学习更有趣。

（3）提供 3 大平台支持。

移动学习重在平台的支持、多方的联动，“微学通”充分利用其他平台，获得多渠道支持，市民可根据自身的使用习惯和学习风格，分别通过以下 3 大平台，以信息报道、活动参与等形式参与到移动学习中来：

移动 E 管家短信平台——以手机短信形式，不定期推送重点课程、重要活动给市民，拓宽市民信息获取的渠道；同时也将移动学习平台的线上学习活动、知识竞答等推送给市民，吸引市民参与其中。

数字化学习平台“e 学网”——以“e + 微”整合联通为抓手，实现“e 学网”与“微学通”学习人群相融合、学习资源相整合，拓展学习人群，激发学习兴趣，提升学习活力，实现网络学习你中有我、我中有你、无缝对接。

政府街道微信平台——上城区各个部委办局、街道社区都有各自的微信公众号，依托社区教育委员会成员单位联络员队伍，通过各个官方微信平台发布活动信息，拓宽学习活动知晓率，实现微信叠加宣传、共享互赢的新局面。

（4）探索 3 类学习路径。

个人自助式信息浏览学习——学习者可以根据自身兴趣和需要，选择合适的学习资源，在任何场所进行在线学习。平台通过自动推送资源和在线自选资源两种方式，鼓励学习者进行持续性学习。平台还会定期自动推送教育类、生活类、保健类、文化类等学习资源，同时在“微学通”“在线学习”栏目上挂各类微课，方便市民自助式地选择学习。

任务驱动式情景交互学习——成人学习者的学习动机往往比较直接，有时候就是为了解决具体问题，因此“微学通”课程大多实用性比较强。同时成人学习也需要激励性与趣味性，平台的积分兑换就很有吸引力；而平台与区域部委办局合作，定期开展文化惠民活动，闯关式、情景化，在紧张有趣的活动中普及知识，实现文化育人。

小组协作式群体交流学习——平台能满足即时在线交互学习，实现学习者与教师、学习者互相之间的互动。平台创设了“学习圈”“班级圈”等虚拟学习群落，市民可根据自己的学习需求、兴趣爱好进入任何一个学习圈，与圈内其他学习者进行互动交流。同时，学习圈、班级圈通过招募专家志愿者、教师志愿者等作为群主，定期组织开展活动，提高用户学习的积极性与使用平台的活跃度。

（5）实现 5 大服务功能。

“微学通”平台重视交互方式、用户体验，满足学习者在任何时间、任何地点选择任何学习资源进行学习的需求。目前已实现了 5 大服务功能：

在线课程学习——开设了“在线学习”栏目，放入自建、采购及改编的优秀学习资源，市民可随时随地进行学习、留言、评价等。

智慧教学管理——实现培训全流程服务，报名组班、班级圈交流、学员请假、满意度评价等一系列智慧教学管理功能均已实现。学员只要关注并绑定移动学习平台，就进入了一个虚拟班级，拉近了学员之间、学员与老师之间的距离，让学习变得无处不在。

在线调查统计——开设了“在线调查”栏目，市民使用过程中的问题和建议都能上传，以便更好完善、优化学习平台，推进平台可持续发展。

创建学习档案——在平台学习的学员都有一个专属个人空间，学习过程、学习积分等都能在此查询，学习档案的创建有利于记录学习过程，让学习者更好地了解自己。

发布互动活动——“微学通”平台除了开放学习资源供学习者学习外，还不定期组织各类主题互动活动，将学习的因子植入、渗透到活动中。市民可以根据个人兴趣点击参与。

3. 践行上城社教五大学习理念

“微学通”作为上城社区教育全力打造的、互动良好的学习交流平台，也实现了推进上城社区教育高质量发展的成效。

丰富学习平台，实现“人人有学”：“微学通”作为传统授课的延伸，与实体教学相互融合，丰富了学习的内容与途径。市民在平台获取适合的学习内容，了解学习信息，参与在线学习与活动等，实现了零门槛学习。请看案例 6-1-1。

案例 6-1-1 家庭的学习卡

徐先生在上城社区教育的“创意馆”给孩子报名加入了创意美术和舞蹈两个班级。

当时，徐先生领到了一张学习卡，却惊讶地发现，这不仅仅是一张孩子的学习卡，还是一个家庭的学习卡，全家所有人都能在学习卡上介绍的“微学通”平台找到可学习的培训活动。例如徐先生的父母特别喜欢健康养生课程，而徐先生可以了解家庭教育知识和职场技巧。

第一次接触到属于老百姓的网络学习方式，徐先生体会到了“品质上城”的内涵。而更让徐先生欣喜的是，一家人的关系也慢慢发生了变化，女儿开始和爷爷一起研究养生菜谱，夫妻俩也经常会探讨教育理念，一家五口人在“微学通”上成了“同学”，拉近了彼此的关系。

（杭州市上城区社区学院创意馆）

拓宽信息渠道，实现“人人易学”。“微学通”作为上城社区教育重要窗口，定期向市民推送各类培训、讲座信息，同时在上城区 14 个街道微信公众平台同步宣传活动信息，市民得到信息的途径变多了。有兴趣学习的人通过平台能轻松实现在线报名、在线缴费，再到线下参加学习培训……学习的整个过程都成为简单方便的事情。请看案例 6-1-2。

案例 6-1-2 “微学通”线上报名

家住望江街道清泰门社区的周阿姨是上城区社区学院的忠实粉丝，在这里周阿姨圆了自己的读书梦。

可是周阿姨也有一个烦恼：每次社区学院推出公益培训，自己常常会因为各种原因而错过报名时间。

听说今年可以通过“微学通”平台报名参加学习与活动，周阿姨半信半疑：“难道我坐在家里也可以报名了？”带着疑惑，周阿姨打开了手机上的“微学通”，点击“学友报名”，看到许多课程正在报名中：中医养生、低碳生活、应急救护、旅游知识、食品安全……每门课的班级、名额等信息也一目了然。很快，周阿姨就成功报名了中医养生和食品安全两门课，这让她兴奋不已：“现在无论我走到哪里都可以报名参加培训，再也不用担心了！”

（浙江老年开放大学上城学院）

创新学习形式，实现“人人乐学”。上城区在数字化社区教育实践中逐渐形成了游戏化、碎片化、移动化、社区化的“四化”教育理念。为了更好地渗透“四化”理念，结合成人学习的特点，“微学通”平台增加了知识竞答、趣味游戏的互动功能，创新了学习形式，激发了市民学习的内驱力。请看案例 6-1-3。

案例 6-1-3 线上学习赢大奖

2015 年，区文明办依托“微学通”平台举办“品茗上城文化 挑战赢取大奖”上城民俗文化知识大赛。

“南起彩霞岭，北至望江路，有中华人民共和国第一个居委会和中国社区展示中心，此处地名是什么？”徐阿姨信心满满地在手机屏幕上点下了“金钗袋巷”这一选项，果然答对了！

这是徐阿姨连续第三次参加“品茗上城文化”知识竞答了，只要连闯 4 关，徐阿姨就有机会获得心心念念想要的 iPad mini。

大赛吸引了许多像徐阿姨一样的市民，短短一个月，共有近 3000 位市民参与。

（杭州市上城区社区学院）

优化学习过程，实现“人人优学”。“微学通”基于学员个性化和自主性学习需求，建立了完善的培训全流程管理系统——培训前的报名缴费组班；培训中的班级圈交流、即时答疑、签到请假；培训后的作业提交、教学满意度评价等都能实现，让学员享受便捷智能的培训服务。

物化学习成果，实现“人人享学”。“微学通”平台的积分制形式，能完成学习积分管理与统计、学习激励以及教师教学、学员学习过程记录等功能。学员累计达到相应等级的积分就可以兑换相应物品，鼓励市民持续学习。

二、“微学通”2.0：迭代的终身学习服务

秉承“走小步不停步”的发展策略，“微学通”的理念内涵和技术应用不断迭代发展，新服务陆续上线，逐步走向 2.0 时代。

2015 年“微学通”创建伊始，手机端采用九宫格界面。经过一年多的运作，发现九宫格使用层级过深，用户使用不便捷。为了让市民有更好的使用体验，2016 年初“微学通”进行了改版升级，采用瀑布流式用户界面，将最新最热的学习资源、培训信息等呈现在最明显的位置，便于市民更好地了解、学习。

1. 三网联动，“星级家长执照”平台研发启动

为促进区域家庭教育科学发展，基于“微学通”“九养上城”线上课程中“家庭教养”版块，“上城区星级家长执照”平台开始研发。

2017 年 5 月，上城区星级家长执照平台启动，并正式脱离“微学通”母体而成为一个独立、强大的学习平台。“微学通”迭代至三网联动的架构，实现了一次登录、全网通行、资源整合、数据共享（见图 6-1-4）。

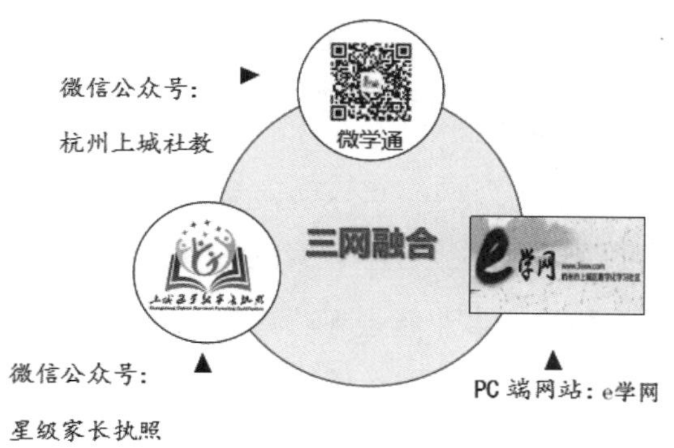

图 6-1-4　三网联动

2. 技术迭代，“三圈”助力终身学习服务体系不断完善

“微学通”以服务市民终身学习为目标，逐步完善服务功能：实时信息发布让“微学通”成为市民口袋里的“信息圈”；全纳学习过程让“微学通”成为市民口袋里的“学习圈”；区域资源整合让“微学通”成为市民口袋里的“资源圈”——“三圈”合力推进了区域数字化学习多渠道发展。

随着现代信息技术的发展，越来越多的新技术、新课程融入“微学通”：H5 技术、二维码技术、线上支付、微视频、微语音、视频直播……最终形成了区域协同、三网融通的“微学通”2.0 终身学习服务平台架构（见图 6-1-5）。

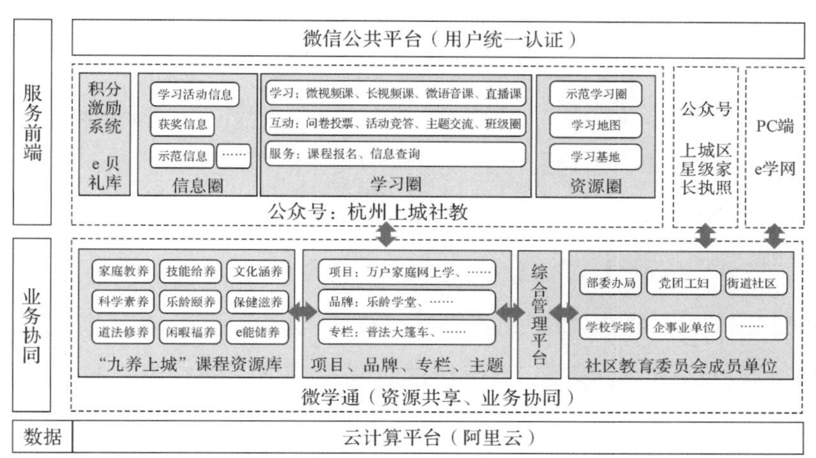

图 6-1-5　“微学通”2.0 终身学习服务平台架构

3. 每日一课，疫情下社区移动学习开创新局面

2020 年的疫情成为一场线上学习的“大考”，终身教育与学习型城市的数字化资源积累、信息化支持能力方面的短板都被暴露出来。防疫课程的快速迭代和疫情进一步发展加剧了开展线上社区教育的困难。

上城区创新了突发公共卫生事件背景下“每日一课”的移动学习模式，助力居民数字化学习。同时在实践中不断总结经验，推进“每日一课”成果从应急到常态，促进了数字化技术在基层社区教育实践中的应用。

（1）在应急状态下，深厚的积累爆发强大能量。

2020 年 1 月 27 日上城区在“微学通”中首次推送防疫课程。从 2 月 10 日起，启动微视频课程“每日一课”推送工作，在每天早上 10 时准时推出。在 4 月 17 日前的应急教学阶段，“每日一课”连续 100 天推出了 100 节视频课程和 63 节图文课程。视频课程观看量达到 7 万，图文课程点击量也达到 6.6 万，收到了良好的效果。

（2）同步推出了线上互动活动课程。

以“居家坚守 春和景明”活动为例，每周一期，滚动开展，每期设计不同的主题。活动共举办了 4 期，主题分别为“居家美食”“居家绿化”“居家健身”“居家摄影”，号召居民将自己居家抗疫的经验和发现的美好共享到学习平台，相互交流、相互观摩、相互启发。为促进居民参与，还开展了评选活动，每期都评选佳作，给予奖励。

此外，还开展了“你是最棒的 寻找最美银龄巾帼志愿者”活动、“致敬劳动者”活动，都取得了很好的效果。

（3）完善后疫情时代常态化的特色课程资源库。

以打造品牌课程为指引，受“每日一课”成功的激励，上城社区教育各类线上线下课程都力求品牌化，最终形成了具有疫情时期特色的线上课程矩阵（见表 6-1-1）。

表 6-1-1 特色课程矩阵

序号	课程名称	课程领域	课程形式	课程简介
1	一期一养	社区教育	系列微视频	从 2020 年 1 月开始，每周一推送，每年推送 48 期。以九养课程“道法修养、文化涵养、科学素养、家庭教养、技能给养、e 能储养、保健滋养、闲暇福养、乐龄颐养”分类进行编排
2	乐龄学堂——幸福 e 家	老年教育	系列直播	在疫情停课期间，为了满足老年学员的学习需求，使老年学员保持积极乐观的生活状态，“幸福 e 家”每周一至周五推播，采用直播课的形式，每次课长约 1 小时。内容以老年大学的技能性、休闲性课程为主，共分 5 大类
3	优家学堂——欢乐 e 课	学前教育	系列音频、图文	社区学院与小营街道“三优”指导中心合作，针对 0—3 岁儿童教育开设的音频和图文课程，内容包括亲子早教活动、科学育儿知识等等，让儿童和家长们在安全的居家环境中开展丰富有趣的亲子活动，提高家长科学育儿的水平，尽享亲子互动的幸福时光
4	科学课堂	科普教育	系列语音	2020 年暑期社区学院与区科学技术协会合作，推出了“科学课堂”系列音频课程（由社区学院组织专职教师进行原创录制，内容涉及节能环保、信息技术、现代科技、生活妙招、健康养生、科学育儿、急救常识、科学大咖、南宋文化、科学防疫十大版块）
5	上城云播	社区教育	直播	2021 年正式纳入线上课程序列，截至 2023 年初已完成 60 余场直播，观看人次近 30 万

在抗疫期间，上城社教探索在居家环境下支持居民数字化学习应对疫情的有效策略，建设了符合防疫需求的应急特色课程资源库，并进一步持续建设适合后疫情时代的常态化特色课程资源库。通过课程的系列化、品牌化，把越来越多的优秀课程传递给居民，满足了居民对美好生活的追求。

三、“微学通”3.0：助力未来社区教育

在“微学通”不断迭代的过程中，以本地特色“九养”课程架构的社区教育常态化线上课程矩阵基本形成。“微学通”，进一步发展的方向在哪里？上城社教人把眼光投向了高处与远方。

1. 遇瓶颈，路在何方

近年来，以各类“公共平台”为主的社区教育云服务发展迅速，成效喜人，但是也存在许多突出的问题。以上城区为例，存在着如下问题：

一方面，为了达成社区教育资源的共建共享有效融通，在政府主导下区域多部门联合精心打造了社区教育云服务公共平台“微学通”。但经过多年发展，区域资源融通仍然存在着一定困难，还需要持续不断地用行政力量加以推进。

另一方面，社区教育委员会各成员单位以及草根的社区学习型社团、社区好老师、学习基地，都有建设个性化云平台、组织云上学习圈的强大意愿。近年来，投资自建或利用公共平台开设各类社区教育相关的“站、号、圈、群”爆发式增长。

各成员单位、基层的社区教育活动组织者为什么不愿意通过区域建设的社区教育云服务公共平台开展活动，而要自行建设呢？上城区认为这不仅仅是发展理念不同或项目运作机制约束，还有两大重要原因：其一，主办者不愿意“被整合”而丢失自主性和个性，希望打造自有品牌；其二，社区教育云服务公共平台功能还不够完善，影响力还相对不足。

为探索解决这个困境，上城启动了社区教育云服务公共平台“微学通”3.0迭代。新平台基于开放平台理念，以人本化、生态化、数字化三维价值坐标为指引，服务于未来社区教育场景，是公众参与的未来社区教育云服务新生态。

2. 破瓶颈，路在脚下

我们规划了全新的上城区社区教育云服务公共平台——“微学通”3.0。它采用了 BaaS 云服务架构，贯彻了以微信为代表的开放平台理念，从学习平台蜕变升级为学习平台“母机”，成为开放给所有社区教育活动组织者使用的创作、工作平台。

“微学通”3.0 不再直接面对学习者，它通过创建各种应用场景，为未来社区教育提供数字化支持（见图 6-1-6）。

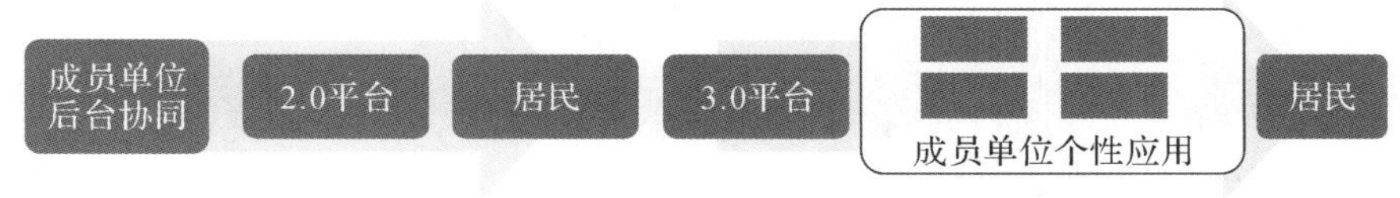

2.0 时代，成员单位在幕后
只有一个入口

3.0 时代，公共服务平台甘居幕后
每个应用场景都是独立入口

图 6-1-6 “微学通”2.0 与 3.0 的协同结构比较

在开放平台“微学通”3.0 的架构下，应用创建者拥有独立的入口，通过积木式模块化的后台搭建，可以简易、快速、零成本地定制个性化的资源分类、平面风格，无缝调用平台共享资源，再加上自建资源和链接第三方特色服务的补充，最终实现打造社教云应用场景。

而对于学习平台母机“微学通”3.0 而言，所有子应用场景创建的资源和吸引到的学习者，都被统一纳入数据仓库，实现资源的高度共建共享和学习成果统一管理。

此外，上城区认为，社区教育云服务公共平台和各类民间社区教育“站、号、圈、群”都是满足群众日益增长的终身学习需求的有效路径，不存在谁优谁劣问题，应该寻求相互促进，结为“命运共同体”，一起做大终身教育的“蛋糕”。

上城社教希望基于“微学通”3.0 吸纳一批优秀的草根“站、号、圈、群”，建成一批示范性的民营社区教育云服务应用场景，最终形成以“微学通”3.0 为纽带的公众参与的未来社区教育云服务生态。

上城区探索基于“微学通”3.0 的社区教育云服务协同模式。不论是自建平台，还是基于微信公众号、微信群、抖音等公共平台建立的特色应用，针对不同的技术平台、服务体量、主体类型，探索有针对性的共建共享方式。同时规划建成一批示范性未来社区教育云应用场景，有计划有目的地尝试各种类型的社区教育应用场景，覆盖公办民营、团体个人、项目专题等，做尽量全面的实验探索。

2021 年 11 月 11 日，“微学通”3.0 正式上线运营。截至 2022 年 5 月底，已完成幸福家、战疫时“课”、助企惠民、乐龄学堂、智能手机、成人“双证制”、家教指导培训、儿童创意馆等十几个教育应用场景建设。

未来已来，将至已至。教育信息化因为理念、需求、技术等内外因素的变化必然不断改变。上城区运用互联网技术促进社区教育发展 20 余年，每一轮迭代都基于不同的历史背景，基于不同的教育理念，解决不同的问题。

在未来，人类社会将进入高度智能化的时代，3D、VR 等新技术的引入，为我们更好地拥有物理世界中所有环境的感知特点，提供了技术支撑和实现可能。基于“元宇宙”的未来数字化学习平台将通过虚拟校园、虚拟教学、虚拟培训实现立体交互。

我们需要通过教育信息化的迭代，实现教育生态的重构。通过从根本上改变传统的教育模式和方法，包括实践基于信息技术的教学新模式，发展基于互联网的教育服务新模式，探索信息化时代的教育治理新模式，最终实现社区教育的现代化。

第二节
星级家长执照　与孩子共成长

⊙

“家庭是人生的第一所学校，家长是孩子的第一任老师。”家庭教育开启人生第一课，是所有教育的起点与基础，关乎人民幸福、社会进步。

而谈起养娃、教育娃的酸甜苦辣，许多宝爸宝妈都是一把辛酸泪，说起来都能写一本厚厚的书。

星级家长执照，凝聚多元力量，为家长排忧解难，提供家庭教育一站式指导与服务，引导家长“与孩子共成长”。

一、缘起：破解家庭教育困扰的上城探索

“星级家长执照工程”是杭州市上城区委区政府领衔打造的提升区域家庭教育指导服务的综合性项目，全国首创、上城先行先试。

这个项目，上城学生的家长都知道，也都是它的受益者。这个项目又被称为“家长专业成长一站式服务体系”（见图 6-2-1），汇聚了全区力量，以跨部门联

动为载体，助推家长从“合法”走向“合格”，提高了区域家庭教育的实效，推新了社会治理格局，助力了区域核心竞争力。

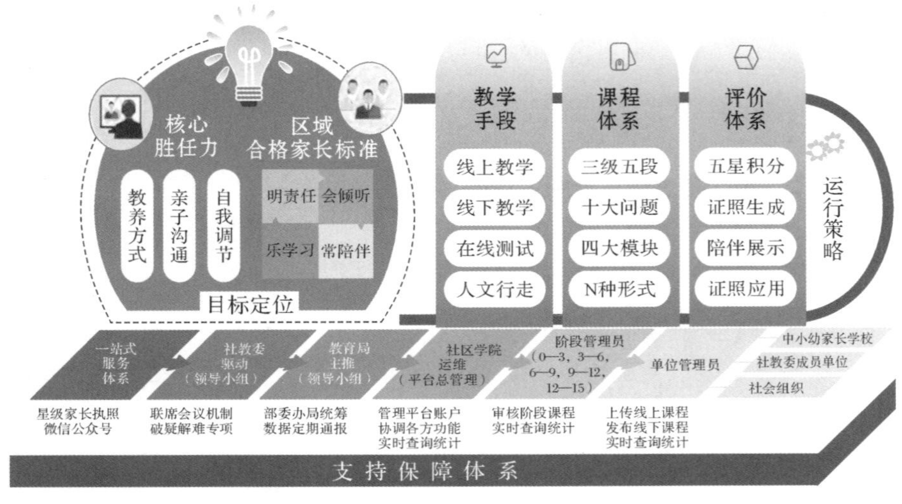

图 6-2-1　星级家长执照：家长专业成长一站式服务体系

1. 破解家庭教育困扰——区域层面

全国政协委员曹德旺曾经呼吁，合格家长比合格老师更重要，家长要“持证上岗”。家庭教育受到了全社会的关注。

一直以来，家庭教育主要是“妇联领导，教育、卫生、社区等部门分工协作”模式，一些民办机构也有所涉及。虽然体现了受到全社会的共同重视，但存在的弊端也不少，可以举例如下。

说得多，做得少——大家都知道家庭教育的重要性，也都知道家庭教育是全社会的事，但真正实现全社会共襄家庭教育的盛举，目前看来还是远远达不到。

散的多，整的少——现阶段的家庭教育，妇联做一点，教育做一点，民政做一点，社区做一点……大家都在做，但缺乏统筹与整合，没有形成区域宏观层面的家庭教育格局。

民的多, 公的少——政府开展的家庭教育活动还不够多, 尤其是有针对性的、个性化的家庭教育指导有很大的需求量, 但无法得到满足。也正因为如此, 很多民办机构抓住了机会, 开设了很多打着“家庭教育”旗号的培训, 收费昂贵, 科学性与实效性无法保证。

家庭教育亟须改变“各施其政、条线分割, 资源分散重复, 难以形成教育合力”的现状, 需要整合多方力量协同发力, 真正帮助家长解除困扰与疑惑。

2. 破解家庭教育困扰——家长层面

2016 年, 上城区面向全区教师、校长及学生家长共 12000 余人开展了一次专项调研, 发现全区 70% 以上家长对孩子的教育充满困惑, 主要体现在缺时间、缺方法、缺能力。

在日常的家校沟通中, 许多老师也会发现: 受社会大环境影响, 不少家长对孩子教育缺少正确认识, 盲目跟风, 重知识轻素养、重智育轻德育、重结果轻过程等问题仍普遍存在。还有些家长, 空有教育理想却缺正确方法, 教育孩子说不上几句话就“鸡飞狗跳”, 大人生气、孩子逆反……这也成为很多家长的痛点。

而家长面对教育孩子的困惑时, 大多通过网络或书籍寻求帮助, 但资源浩繁杂乱, 专业性、科学性无法保障, 家长们亟须有公信力的家庭教育平台。

星级家长执照, 破除了家长所面临的这些困扰。

二、探索：整体提升区域家长育儿素养的上城实践

我们都知道, 父母是孩子的第一任老师。但就如老师需要学习与成长一样, 为人父母也不是天生就会的, 也需要学习与成长。

如果父母在家庭教育理念和能力上存在着诸多不足, 将不利于孩子成长。好家长是好家庭的保障, 也是和谐社会的基石。而好家长, 是需要学习与成长的。

链接 6-2-1
星级家长执照启动

作为上城教育人，上城社教团队深感有责任帮助、引导家长树立正确的育儿观念，掌握科学的家庭教育方法，提升智慧育儿的能力，让社会主义核心价值观在家庭教育中落实落细，助力孩子幸福快乐成长。为此，星级家长执照工程应运而生（见链接 6-2-1）。

星级家长执照工程于 2017 年 5 月 16 日启动，颁发了全国第一张星级家长执照。上城区专门印发《杭州市上城区人民政府办公室关于实施上城区“星级家长执照”工程的意见》，明确规定了工程目标、任务与职责，为工程实施与进一步推进提供了坚实的保障。

星级家长执照工程依托于星级家长执照平台，由杭州上城区教育部门推出，是全上城共建共享的家长教育公共服务平台。平台以整体提升区域家长育儿素养为初心，面向 0—15 岁孩子的家长，为他们在学习、交流家庭教育知识和经验方面提供指导与服务，倡导并帮助他们争做“明责任、乐学习、会倾听、常陪伴”的合格家长。

家长对星级家长执照工程的反响非常热烈。截至 2022 年 8 月 20 日，星级家长执照已有线上课程 1803 个，参与学习近 200 万人次；线下课程 5895 个，参与学习 57 万余人次；在线测试 67 万余人次。

星级家长执照记录着家长学习的全过程，印证着家长在“做一个好家长”方面付出的努力和取得的成绩，诠释着上城家长“与孩子共成长”的生动实践。

三、创新：共建共享家长教育服务体系的上城范式

星级家长执照，是面向 0—15 岁家长，开展全方位、多形式教育活动的学习平台。星级家长执照，是联动各方力量，在区域范围内合理优化教育资源，形成教育合力的新民生实事。星级家长执照，是通过智媒体，完成全流程、自主式数字化学习的上城范式。星级家长执照，是掌上的家长学习圈。

1. 汇聚全域力量，构建多元主体的家长教育联动机制

星级家长执照工程以“教育社会化、社会教育化、教育终身化”为导向，构建起了“政府主导—教育部门推进—相关单位配合—专业机构引领—社会力量支持”的家庭教育公共服务供给形式与联动模式，实践着教育资源与服务优质、均衡、多样供给。请看案例 6-2-1。

案例 6-2-1　聚焦“双减”的“上城益家有方”首播

“双减”政策，给孩子全面、健康成长提供了基础保障。“双减”政策持续推进，是机遇还是挑战？作为家长，您的教育模式和教育理念面临哪些挑战？“双减”之下，您又如何抓住家庭教育的机会，促进孩子健康、快乐地成长？2022 年 4 月 15 日 19：00—20：00，上城区妇联联动上城区教育局，共同推出了聚焦“双减”主题的“上城益家有方”直播，特邀浙江省特级教师、杭州市家庭教育学会副会长韩似萍带来“‘双减’给家庭教育的机遇与挑战”讲座。

资深家庭教育专家韩似萍老师，通过讲座以及讲座后的答疑解难，帮助家长直面家庭教育的“专业挑战”，引导家长面对“双减”大趋势，通过家庭教育抓契机、迎挑战，给予孩子最大的支持、最温暖的关怀，做最好的父母、最贴心的“第一任老师”。

直播受到了家长的热烈欢迎，拥有 7.7 万的观看人次、34.8 万的点赞、1.1 万的评论。许多家长表示期待回放、期待更多这样的直播。

（杭州市上城区妇联）

首先是全力推进部门联动——汇聚了区域内最优质的教育、医疗、文化等多元力量，汇集、共享分散在各部门的家庭教育资源。宣传部门从文化建设、民政部门从婚姻登记、卫健部门从孕产期检查、教育部门从学前家访、文明办从

家庭文明构建、妇联从家风家规建设、公安从儿童安全教育、街道社区从妇儿服务阵地打造等不同角度，共同全域推进平台建设。

其次全力实施家长协同——汇聚家长力量，增加更多家庭教育经验交流共享的机会，让家长成为星级家长执照优质课程建设的重要参与者。如成立上城区星级家长俱乐部，凝聚优质家长资源，为上城乃至更多区域的家长拓宽家庭教育的学习路径。再比如，创新实施家长学校校长轮值制，星级家长轮流担任街道、社区及学校家长学校的校长，在家庭教育中承担更多的重任、发挥更大的作用。

最后全力实践社会支持——积极推进星级家长学习积分应用机制，如凭积分可以取得区“终身教育券”，优先参与部委办局、街道社区开展的各类学习培训活动，优先参与共建主题活动，优先参评学习型家庭（妇联）、最美家庭（街道）、星级好家长（教育）等荣誉。不仅如此，还可以通过加强多元联动的证照积分兑换制度，让星级家长凭证照积分便能在“e 贝礼库”兑换相关奖品，有效激发家长的学习动力，不断提升该工程的美誉度和影响力。

多部门聚力联动，实现了优质教育共建共享和效益最大化，探索着从教育管理走向教育治理的新路径。

2. 共建三级网络，完善区域覆盖的家长教育服务体系

星级家长执照构建创设了四个“一体化”家庭教育组织方式——服务参与者一体化，使学校教育、社会教育、家长教育形成有效合力；服务对象一体化，也就是说总揽了 0—15 岁孩子家长及对家庭教育感兴趣、有困惑的所有人群；服务内容一体化，就是以学习者需求为导向，不断开发学习项目，满足家长群体学习需求；服务形式一体化，即实现了移动学习、网络学习与传统现场教学相结合，线上线下相融合。请看案例 6-2-2。

案例 6-2-2 线下体验点：西湖国学馆

杭州西湖国学馆作为上城区首批市民终身学习体验基地、星级家长执照线下体验点，以正统有趣的国学经典为内容，以讲座、课程、趣味活动等为形式，打造针对低年龄段儿童（幼儿园中班至小学二年级）及其父母的国学启蒙亲子教育活动，培育孩子对中华优秀传统文化的亲切感，用传统文化的精髓帮助年轻父母更好地陪伴孩子成长。

例如文化体验系列品牌项目“我们的节日”，契合时令，纵贯春秋，融合传统历法、节气等的研究阐释、活态利用，引导孩子了解春节、元宵、清明、端午、七夕、中秋、重阳等传统节日文化内涵，由礼仪体验、文化教育和传统手工共习三个部分组成，深受孩子与家长的欢迎。

（杭州西湖国学馆）

星级家长执照将不同组织纳入公共服务体系，共同参与家庭教育服务，共建学校、街道、社区三级家庭教育指导与服务网络，为家长教育提供个性化、全方位的服务。

星级家长执照划分为 0—3 岁早教、3—6 岁幼教、6—9 岁小学低中段、9—12 岁小学中高段、12—15 岁初中五个阶段，每阶段均分为五个星级标准。家长按照孩子的年龄，选定学习阶段，在这一阶段学习不同课程获得相应积分，修满 100 分并通过线上测试即可获得一个星级家长执照，每多修 100 分，星级相应提高一级，直至成为五星级家长。

通过五阶五星循序渐进式学习，家长实践着学习自主化，并通过这些学习不断完善育儿理念、修正育人行为，实现教育中的良性链式反应，在知行合一中，实现“与孩子共同成长”的目标。

可以说在上城，对家庭教育有困惑的家长都能找到需要的支持与帮助，这既是教育服务于区域发展主动性、积极性和全面性的写照，也是全域精神共富实践的体现。

3. 立足开放视野，搭建兼并包容的家长教育学习空间

星级家长执照平台设立了在线学习、线下课程、在线测试、人文行走四大模块，实现了学习培训、检验测试、陪伴展示、积分累计、证书领取、互动交流等一站式学习与服务功能，搭建了线上线下一体化的家长教育泛在学习空间。

围绕“打造数字应用第一区”的目标，上城区遵循实用性、参与性、发展性原则，创新建设移动端、PC端打通的星级家长执照学习平台。其中，移动端立足于方便快捷的学习，让家长使用更顺手；PC端立足强劲的后台数据支撑，让课程更丰富……信息技术被有效运用于家庭教育领域。

星级家长执照倡导线上学习与线下培训相结合的学习模式。线上学习以微课程、微案例为主，聚焦具体问题，立足普及性，强调在理念引领、方法传授、榜样示范中转变家长的育儿观念，提升家长的育儿能力。线下学习则以主题沙龙、亲子体验、育儿经验分享、人文走读为主，聚焦互动交流，凸显个性化，强调在实操训练、互动交流中增进亲子感情。同时，根据家长在平台的学习记录与轨迹，如点播内容、测试结果等，有针对性地进行数据分析，为家长提供个性化诊断建议，达成“私人订制”。

平台线上课程学习面向所有地区、所有人群，从根本上扩大了学习时间与空间，实现了优质资源的开放与共享，保障了家长的学习权利，全面满足了家长碎片化、移动化、社区化、实用化的学习需求。截至2022年，星级家长执照平台上的学习者遍及全国21个省市自治区，上城区区域外注册超过2万人。

4. 实现科研先导，丰富了“适需 + 引领”的家长教育课程资源

从各阶段孩子发展特点、家庭教育重点、家长需求要点出发，星级家长执照平台开设的线上线下课程包含家庭教育指导、家校沟通、亲子交流、传统文化体验、营养保健、心理健康教育等丰富多彩的内容。

科研引领课程建设，基于儿童成长的阶段理论以及专业化课程的开发理

念，星级家长执照围绕上城合格家长的核心素养，“线上 + 线下”双向构建了以“五阶段 · 十问题”为基础的家长课程资源体系。

具体做法是将课程资源体系划分为五个阶段，并提取家长在每个阶段最为关注的 10 个问题作为课程主干，层次清晰，凸显重点。平台每年开展 100 例以上原创线上课程制作、1000 例以上特色线下课程实践，不断完善资源库。

星级家长执照课程建设强调专业性、系统性、选择性。

注重专业性。汇聚区内、省内乃至国内著名医疗专家、特级教师、名师名校长倾力打造，共同开发科学性强、针对性强的课程资源。

突出系统性。在充分调研基础上制作大量微课，包括 7 大系列，每系列又细分类目，提供丰富的垂直课程。同时结合后台数据分析，制定全面、系统的孩子家长课程框架图，完善 0—15 岁孩子家长所需的家庭教育知识。

实现选择性。课程向家长全面开放，供家长自主选择，同时推送专题学习课程，以“通识培训课程 + 专题培训课程 + 团体辅导 + 一对一家长咨询”全方位培训模式，满足家长共性需求，又回应家长特色化、个性化需求。

同时，通过家长互助分享、“五个一”亲子陪伴活动（同走一条研学之路、共读一本幸福之书、开启一次艺术之旅、共享一场运动之趣、体验一回家务之乐）等多种形式，引导家长明确“父母是孩子成长第一责任人”“陪伴是最深切的爱”，帮助家长了解、掌握、实践有效引领和陪伴孩子成长的方式方法。

尤其在“双减”政策和《中华人民共和国家庭教育促进法》出台的大背景下，上城区更坚定了推进“每周一天家庭日”的信心和决心，家校政社齐动员共发力，让家长更理性、让教育更智慧、让家庭更温暖。

四、收获：打破部门壁垒推进教育治理的上城经验

星级家长执照工程实施至今，社会效益突出，受到广泛好评。

1. 家长理念不断更新，执照认同持续上升

截至 2022 年 8 月 20 日，星级家长执照平台注册家长 212991 人，星级家长执照发放已达 85151 份，其中五星级证书 7201 份。通过平台学习，家长们对什么是好家长、如何做个好家长有了更明确的理解，“明责任、乐学习、会倾听、常陪伴”合格家长标准深入人心（见链接 6-2-2）。

链接 6-2-2
如何做个好家长

2022 年上城区委托华东师范大学进行了星级家长执照专项调研，结果让人欣喜——92% 以上的家长认为通过星级家长执照学习加深了对家庭教育重要性的认识，在育儿理念、育儿知识、育儿行为这三方面得到了有效帮助。家长普遍反映课程形式多样、内容实用，学有所得。

新冠疫情防控期间，星级家长执照开设了“众志成城 抗击疫情——上城亲子在行动”专栏，分 7 个批次，新增 100 余个有关心理调节、亲子互动的线上课程，超 3.5 万人次点击，该专栏更是成为防控期间上城家庭学习的标配。

2. 社会影响不断扩大，平台辐射持续推进

星级家长执照工程推进过程中，屡获殊荣。

星级家长执照工程获评 2017 年中国家庭教育六件大事之首、第五届全国教育改革创新特别奖、全国特别受百姓喜爱的终身学习品牌项目、第二届 NERC 杯全国社区教育“互联网 +”优秀项目、全国家庭教育创新实践基地、浙江省妇女儿童发展“十三五”规划示范项目、浙江省成人教育品牌项目、浙江省教学成果奖职教类二等奖等称号及奖项，入选全国家校社协同推进家庭教育实践的“十张答卷”之一；被纳入《2021 中国基础教育年度报告》，成为 2021 年中国基础教育 20 个区域案例之一，报告在 2022 年第 3—4 期《人民教育》上首发。

中国教育报对星级家长执照进行了 2 次大版面报道，人民日报发表署名文章《家长也应“持证上岗”（辣评）》，杭州日报、钱江晚报整版进行报道。国

内著名媒体，如新华网、人民网、中国社区教育网、中国青年网等均多次或持续报道。

先后接待联合国教科文组织终身学习研究所、教育部基础教育司、河北省人大、浙江省妇联等考察学习 100 余场。

平台已辐射全国，在杭州钱塘区河庄街道、湖北恩施鹤峰县、贵州黔东南雷山县都得到了推广；发起建立了“长三角家庭教育终身学习共同体”，真正实现了成果辐射、资源共享、平台共用。

2021 年 6 月，获评浙江省教育领域数字化改革第一批创新试点项目，进一步围绕“家庭教育”领域核心业务，系统化设计教育治理数字化场景，打造跨层级、跨地域、跨系统、跨部门、跨业务的典型应用，为教育数字化应用生态体系注入发展动能。

3. 区域联动不断完善，社会治理格局持续推新

依托星级家长执照工程等载体，上城区域联动机制日益完善，通过互动和调和，共建、共推平台，汇聚、开发资源，实现教育资源最优化、教育效益最大化。2021 年 8 月星级家长执照平台纳入“浙政钉”，12 月纳入数字社会区县优秀门户。2022 年 8 月，平台上架“浙里办”。

通过实施与推进星级家长执照工程，形成了协同育人机制，进一步健全了覆盖全区的家庭教育指导服务体系，提升了家庭教育的针对性和有效性，积极推动家庭、学校、政府、社会教育协调发展；进一步强化了家庭家教家风建设，在基层社会治理中发挥好厚植文化、涵养道德的重要作用，推动营造良好文明风尚，维护社会和谐稳定。

当前，新颁布实施的《中华人民共和国家庭教育促进法》、省市家庭教育“十四五”规划及家庭教育推进文件等都对家庭教育工作提出了新的要求。

上城区将以数字化改革为牵引，盘活社会优质教育资源，深入探索家长教育新模式，不断拓展家长教育指导与服务的新功能和新效能，在上城全域推进并逐步臻完善，为构建全国家庭教育公共服务体系贡献上城范式的宝贵经验。

第三节
智慧助老 “颐年 e 养”

⊙

数字经济时代解锁智慧生活，智能设备给现代人带来了各种衣食住行的生活便利，尤其是在数智杭州，智能手机已经在市民的生活中普遍应用，成为生活的必需品之一。

但智能“便利”的另一面，却是不少老年人寸步难行的“数字鸿沟”，他们面对智能手机“不敢用、不会用、不惯用”。智能时代限制了很多老年人的衣食住行及社交，尤其在疫情防控期间，他们成了“数字难民”：听不懂“行程卡”“小年糕”这些年轻人耳熟能详的手机词汇，网上挂号、外卖点菜这些长流程手机步骤更是不会操作……

走进新时代，共享美好数字生活，不应该将老年人群排除在外。如何帮助他们学会使用智能设备？如何引领他们跨越数字鸿沟？上城社区教育全力以赴，开启了“智慧助老 颐年 e 养”行动。

一、立足上城区情，完善顶层设计

上城社区教育聚焦数字鸿沟，本着“民呼我为”的宗旨，自 2016 年起，组建上城社教科技志愿服务队，以“玩转手机 颐年 e 养”为主题开启智慧助老项目。项目以让老年人乐享智慧生活为主线，通过含调研、实施、评估的全域智能手机培训为更多初次尝试智能设备的老年人提供一个 e 学平台，助力老年群体建立温暖互助的“e 养生态圈”（见图 6-3-1）。

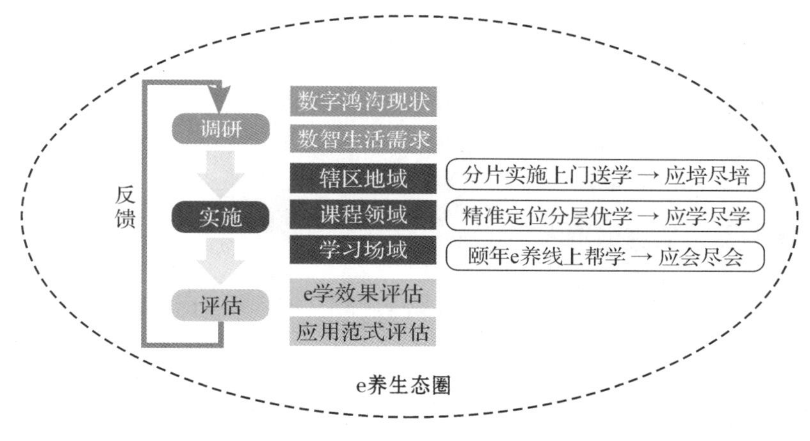

图 6-3-1 “e 养生态圈”方案设计

二、聚焦数字鸿沟，掌握学习需求

扫码付款、线上查询、出示健康码……智能时代使老年人不得不开始学习并使用智能化产品。为了解上城老年人的智能技术应用水平，项目组抽样 300 名老年学员进行了学情调查，了解他们对智能化产品（以智能手机为主）的使用情况及学习需求。

1. 基本信息

前测学情调查结果显示如下。

关于性别：男学员 91 人，占 30.3%；女学员 209 人，占 69.7%，说明智能手机的学习需求女性更大，求学人数相较于男性更多。

关于学员年龄层次：学员年龄越大，学习需求越大，可能由于年龄较小的老年人更容易自己学会使用智能手机，年龄越大越需要有人指导和帮助。

关于学员文化程度：高中、大专及以上学员占 75% 以上，说明学员学历越高，终身学习的需求越大。

此外，受调查的学员均有退休金收入，保障了购买智能设备的经济基础，也说明目前上城老年人的经济基础较强。

2. 智能手机使用情况

了解老年人对智能手机各项功能的认识情况和使用情况是开展智能技术应用培训的基础。

学情调查显示，88.68% 的学员目前使用的是智能手机，类型上主要是安卓系统手机，他们对自己的手机品牌有一定的认识，但对智能手机的系统还缺乏一定的认识。因此，课程内容设置时需从最基础的知识开始，并以安卓系统手机的操作界面为主开展教学。

学员对智能手机的功能认识情况优于使用情况，即老年人已经对智能手机的功能有了一定的认识，但还不会使用其中的很多功能，从而产生了学习需求。目前老年人比较感兴趣的 5 种 App（应用软件）依次排序如下：微信、支付宝、淘宝、视频播放器、地图，这也是他们最希望能够学习并运用的手机应用软件。

3. 智能手机学习需求

调查结果显示，老年学员参加智能手机学习的主要目的是与亲朋好友交流，其次是看新闻、便捷支付、找到新兴趣、打发时间等。通过手机进行沟通交流是老年学员最大的使用需求，尤其是通过微信与他人进行交流互动。

立足智能手机的各种功能进行学习需求调查，结果显示，92.5% 的老年人使用智能手机的首要需求是学习微信的使用，通过微信便捷地联系他人；超过半数的老年人使用手机的第二需求比较多样化，主要包括线上购物、地图导航、线上学习、政府服务等。

4. 老年人身心特点

一方面，老年人学习智能技术有一定障碍。一是生理障碍，包含记忆力和视力两部分。随着年龄的增长，老年人思维趋向迟缓迟钝，记忆力下降，对新知识的接受力较弱，容易前学后忘。此外，老年人一般眼睛易出现老花或者白内障的情况，无法长时间使用手机，学习智能技术的时间和投入的精力受到制约。二是心理障碍，部分老年人认为智能手机是高科技产品，很难学，望而却步，不愿意尝试使用智能产品。

另一方面，老年人学习智能技术也具备有利条件。老年人学习的时间比较充裕，虽然他们的液化智力有所下降，但晶体智力仍保持较高水平。他们对了解外部世界和进行人际沟通表现出强有力的需求，对自己感兴趣的知识或技能表现出学习的耐心和理解力。他们对智能手机的学习需求呈现出普遍性、倾向性和社会性三个特征。

综上所述，目前老年人对智能技术有越来越强的学习和使用的需求，需要通过智能技术培训满足他们的学习需求，助力他们跨越数字鸿沟。

三、推进三域融通，构建教学体系

基于调研结果，上城社区教育从辖区地域、课程领域、学习场域三个维度出发构建教学体系，开展“玩转手机 颐年 e 养”智慧助老项目，致力于助老跨越数字鸿沟。

1. 上门送学　辖区地域全覆盖

为方便老年人就近获得优质教学资源，特别是针对学习时间不充裕或行动不便的老年人，上城社教依托区、街道、社区的三级社教网络，通过宣讲、海报、微信等多途径开展智能手机培训的宣传，保障“应知尽知”，并按需上门送学，做到辖区地域全覆盖。

针对部分老年人想学易忘的实际情况，上城社教滚动式开设基础班、提高班，零门槛、多途径免费报名，满足了老年人反复学习的需求。并根据学员的实际情况，开展场景模拟、实操竞赛等活动强化手机操作技能。

2. 分层优学　课程领域立体化

推出“玩转手机 智慧生活”课程（见图 6-3-2），强调实用性和通俗性，突出智能技术为老年人带来的智慧生活体验，成体系、有递进、设专项，是分为基础、提高、强化、专项四类进阶式的课程体系。

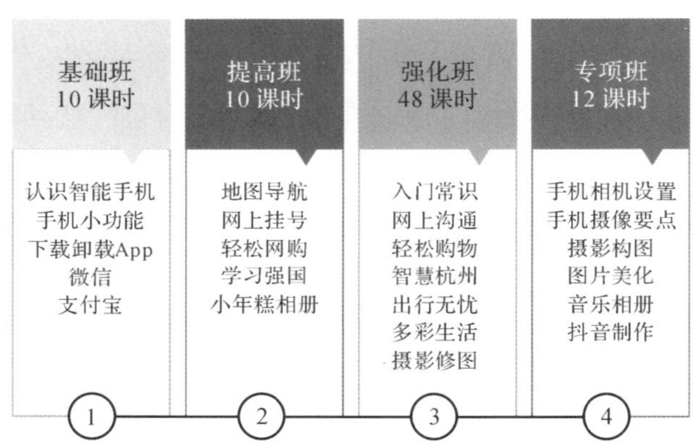

图 6-3-2 “玩转手机 智慧生活”课程

基础班：10 课时，注重智能手机应用知识及操作“扫盲”，滚动式开班，满足“应培尽培”。课程内容包括认识智能手机、手机小功能、下载卸载 App、微信沟通和支付宝钱包。

提高班：10 课时，注重常用 App 的实用功能和部分特色功能延展，选择性学习，满足学员差异化的需求。课程内容包括地图导航、网上挂号、轻松网购、学习强国和小年糕相册。请看案例 6-3-1。

案例 6-3-1 “网上挂号 智慧医疗”教学设计

“网上挂号　智慧医疗”属于进阶的学习内容，列入提高班课程，目标是让学员学会在智能手机上进行预约挂号操作。为了方便杭州市的老年人学习挂号技能并节省手机内存空间，设计者依托支付宝小程序“浙江预约挂号”教授相应知识点。

教学内容主要包括预约挂号、添加就诊人、领取电子医保卡、医院取号及报告查询五个方面，重点讲解预约挂号及医院取号的操作步骤。设计者模拟初次使用预约挂号平台的情况，分步骤一步步操作，教材中也有图文并茂的展现。后续指导已添加就诊人并领取了电子医保卡的学员进行预约挂号、医院取号两个步骤的重复练习与操作。

配套教学视频以微课形式呈现（见链接 6-3-1），视频适度放慢节奏，相关重点图标放大强调，特别添加了医院取号的机器操作流程，帮助学员熟悉操作步骤，以便学员到医院取号时跟随微课步骤操作。课程结束后增加“学习回顾”版块，总结整堂微课的内容，帮助老年人学会使用网上挂号，享受智慧医疗的便利。

链接 6-3-1
网上挂号
智慧医疗

（杭州市上城区社区学院望江分院）

分析以上案例，可以发现智能手机课程的设计有三大特点。

一是适老化。学习“网上挂号 智慧医疗”一课需要有基本的智能手机操作能力，且课程又是老年人急需的智能技术应用，所以设计者将其列入提高班课程，符合学员学情。老年学员通过阅读教材或者观看微课即可基本掌握该课内容，经过教师讲解则能学深悟透，并进一步掌握报告查询等高阶内容。

二是操作性。注重呈现预约挂号的整个操作步骤，教师以投屏设备放大操作手法，让学员可以看着屏幕，跟着教师的操作一步接着一步进行点击，反复练习，掌握操作步骤。教材和微课中均对相应操作步骤界面进行截图标注，方便学员快速掌握操作步骤。

三是学懂弄通。教授步骤时注重区分第一次注册并预约挂号操作和后续挂号操作的差异，让老年学员举一反三，通过“浙江预约挂号”的步骤练习真正理解智能手机中“注册”的含义。

强化班：通过 48 课时长班制由浅入深进行学习，涵盖入门常识、网上沟通、轻松购物、智慧杭州、出行无忧、多彩生活、摄影修图等手机通用功能，课程内容共 7 章 24 节，注重让老年学员学懂弄通、会学会用。

专项班：12 课时，针对手机摄影爱好者开设专项课程，注重教授手机摄影的实用技能。

课堂采用“双师”配置，即每班配 2 名教师，主讲者采用手机投屏大屏的教学策略进行课程教学，助教在下面及时指导具体操作并帮助学员解决实操问题。“双师”面对面讲、手把手教，提炼操作步骤，鼓励学员反复实操训练，举一反三，掌握方法。

配套教材注重手机操作的规则解读、步骤呈现和习惯培养，图文并茂、通俗易懂，突出教学重点；科学设计课后作业，帮助学员学后巩固。这套立体化的高品质教材，满足了老年人差异化的学习需求，且教材根据手机 App 更迭不断更新，现已优化至第三版。

3. 线上帮学　学习场域多维度

在课堂学习的基础上，教师留下手机号结对帮扶，组建班级微信群和互助小组，形成银龄互助氛围，解决学员有问题无处问的窘境，从而帮助老年人克服学习障碍，掌握手机的基本操作技能。

借助智能手机，线上专栏随点随学。录制完成视频微课 24 节，学员只要使用微信扫描教材上的二维码或通过关注微信公众号即可观看。

考虑到老年人的身心特点，微课采用竖屏设计，直接在手机上做到最大化呈现，以“福奶奶”“潮爷爷”两个卡通形象引出教学内容，画面清晰、字幕到位、活泼有趣。

微课开始时有纲要，结束时有回顾，突出教学重难点。作为线下教学的翻转课堂和老年人自学的线上平台，可保障老年人时时、处处、人人可学。截至 2022 年底，平台点击量超 6.6 万次。

三域融通的培训教学体系，分中有合、合中有分，是智能手机培训精准定位、全域尽培的基础。

四、多方精准发力，推动项目实施

“玩转手机 颐年 e 养”智慧助老项目重协同、重教研、重队伍建设，多方助力推动项目有效实施、良性循环。

1. 三元聚力 保障项目长效化

智慧助老项目由区社区教育委员会牵头，通过党建引领、多方联动、高效协同形成了长效的培训机制，区社区学院、区科协、区老年大学、区内各高校、区内各银行、社区文教、社会志愿者等单位或个人均参与进来（见图 6-3-3）。

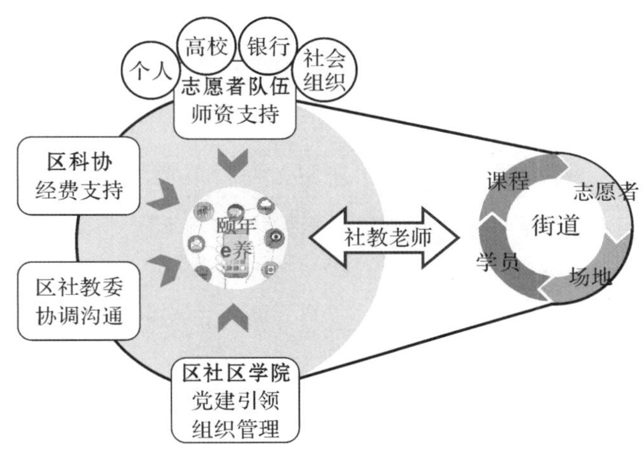

图 6-3-3 街道分院长效化运作

在项目实施过程中，各街道依托社区学院街道分院，实现课程、经费、师资三元聚力，确保智能技术应用培训实施常态化运行，实现全域覆盖。

课程方面，由社区学院专职教师 7 人组建智能手机课程教研组，制作教学课件、编印教材、拍摄微课，保障课程领域的普适性、立体化，实现品质学习。经费开支主要用于教材编印和授课费，由区社区学院、区科协共同承担。师资方面，组建了一支数智银龄志愿队，除社区学院专职授课教师 23 人外，还包括了志愿者教师队伍。

2. 教研并举　注重课程普适性

组建智能手机教研团队，专职教师教学与科研并举，基于老年人智能手机学习需求和身心特点，做项目、设课题、制教案、编教材时均注重“适老化”。

经过教学试讲和满意度测评，团队进一步将普适性和层次化相结合，从需求最大的微信、支付宝到具有推广价值的智慧医疗、学习强国等，均设计了相应操作性示范课程。

3. 颐年互助　组建志愿者队伍

以街道为单位，就近招募授课志愿者。例如与辖区内的老年大学、杭州师范大学、平安银行、上城民盟等单位与组织合作，组建志愿者教师队伍，开展志愿者集中授课、观摩学习、课堂模拟等培训，快速培育出一支讲奉献、会培训、有经验的志愿者队伍，有效解决了老年人日益增长的学习需求和师资不足之间的矛盾。

同时，“双师”配置进一步解决了志愿教师教学能力差距问题，根据教师自身实际情况进行岗位角色分工，既满足学员需求，又有利于志愿者教师梯队建设。请看案例 6-3-2。

案例 6-3-2 从学员到数智银龄志愿者

53 岁的国杭燕一退休就来到浙江老年开放大学上城学院参加老年教育培训。她是国学吟诵班的班长，日常协助班主任参与班级管理工作。在班主任的动员下，国杭燕报名成为一名数智银龄志愿者教师。

她年纪相对较轻，学习能力强，智能手机也用得不错，而且为人热心，热衷于参加公益活动。经过教学培训后，她就积极投入到智能手机基础班、提高班的教学中，在葵巷社区、马市街社区主讲授课。她还为学员组建班级微信群，在课后时间为学员答疑解惑。

课程结束后，学员没学够，国杭燕也没教够，大家学习热情高涨。于是她带领班级里感兴趣的学员组建了一支 21 人乐龄智能社团，通过校内学习、校外实践的形式积极开展智能技术学习活动。2021 年 9 月，乐龄智能社团参加杭州市“乐学杯”银龄智能学习积分挑战赛，国杭燕作为队长，在预赛期间认真学习挑战赛的积分规则，不懂就请教指导老师。同时发动学员积极投入比赛，指导他们积分技巧，连续 74 天，每天督促社团成员参与活动并积分，形成团队合力。最终社团取得了团队一等奖的好成绩。

（浙江老年开放大学上城学院）

随着区域融合、人口增加，课程影响范围随之增大，越来越多的老年人慕名而来，老年人的学习需求与现有教学资源的矛盾日益凸显，其中最迫切的问题是师资不足。上城区每年智能手机培训指标 13000 人，但专职教师人数少，无法满足智能手机培训需求。因此，急需招募一批志愿者教师。

而浙江老年开放大学上城学院中有一批身体素质较好的老年学员，他们对手机操作自如，热爱集体活动，是智能手机课程的潜在教师。截至 2022 年底，上城社教有智能手机志愿者教师 69 位，其中一半都是老年开放大学学员。银龄志愿者已然成为智能应用学习的引领者和智能手机培训的中流砥柱。

首先，志愿者教师是专职教师的有效补充，承担了大部分智能技术送教进社区的任务。以 2021 年为例，志愿者教师共开班 207 个，送教进 101 个社区，服务 498 场次，惠及 13572 名老年人。而其中的老年志愿者服务时间充裕，沟通能力强，参与度更高、服务时间更长，学员满意度高。

其次，课堂中一些反应快、领悟能力强、学得比较快的老年人久而久之也成为了课堂助教，以老助老，带动了更多老年人加入志愿队，最终组建了一个专职教师引领、志愿者支撑、老年群体互帮互助的师资库（见图 6-3-4）。

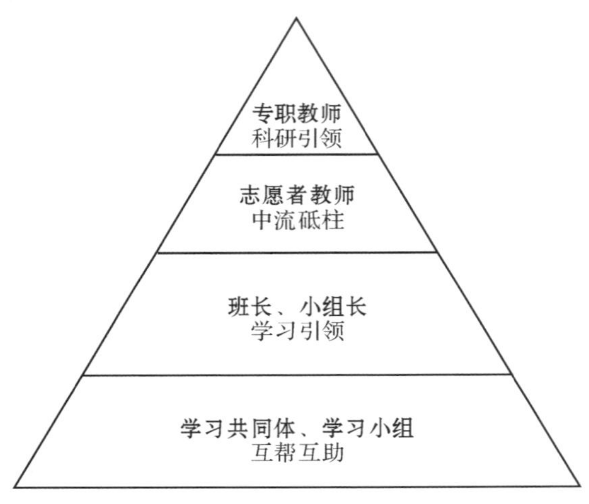

图 6-3-4　数智银龄师资库

总之，数智银龄志愿队把不同年龄，特别是低龄健康老年人动员起来，实现以老助老，最大限度地发挥人力、物力和财力资源的作用，化解智慧助老行动的供需矛盾，助推积极老龄化的发展，构建更加完善的数智老年教育体系。

五、玩转智能手机，建成“e 养”生态圈

无论是培训实效还是课程满意度，“玩转手机 颐年 e 养”智慧助老项目都达到了初设目标，并逐渐为老年人建成了一个“e 养 e 学”的数智生态圈。

1. 全域覆盖　培训入脑

从 2016 年到 2022 年这六年来，上城区开设智慧助老班级 350 个，在辖区内近 200 个社区开展讲座 538 场，培训老年学员 13572 位，服务 6 万余人次。无论是课程的内容还是形式都受到了学员的热捧，参加培训的学员对手机功能的认识大大加深，使用率大幅度提升，94.34% 的学员表示“使用智能手机让人有一种重新融入社会的感觉”，详情如表 6-3-1 所示。

表 6-3-1　老年学员对智能手机功能掌握情况的前后测对比

手机功能	前测认识率（%）	后测认识率（%）	前测使用率（%）	后测使用率（%）
照相机	86.79	100	81.13	100
手电筒	60.38	100	47.17	100
计算器	52.83	100	43.40	100
天气预报	32.08	100	20.75	100
日历	66.04	100	30.19	100
搜索	30.19	97.37	17.17	66.04
微信	79.25	100	58.49	100
淘宝	28.30	100	1.89	87.17
支付	56.60	100	9.43	96
地图	20.75	100	5.66	83.58
视频	44.46	100	20.57	76.85
游戏	28.30	100	0.00	40.19
政府服务	79.25	100	11.32	50.94

2. 以人为本　服务入心

无论线上还是线下，指导者能第一时间给予学员反馈和解答，这不仅解决了实际问题，更让学员获得归属感。满意度测评显示，学员对培训的整体满意度达 95.8%。在班级圈满意度测评时，指导者不断收到学员的感谢，有的喜欢课程的分层设置，有的喜欢老师的耐心细致，有的喜欢家门口的送教形式……

所以，老年教育需要消除的不仅是"数字鸿沟"，还有"情感鸿沟"。以人为本，才是有温度的老年教育。

3. 提升实效　e 养颐年

培训注重时时处处让学员形成实操实用的习惯，真正做到颐年 e 养。

在校园内，利用智慧校园系统，指导学员迈出使用智能手机的第一步。在校园外，鼓励学员把智能手机课程运用到生活中去。新工社区 95 岁的张定勋老人在家里使用学习强国的投屏功能，用电视看上了手机里的电影；年近八旬的老赵通过每周一次的手机课，重新找到生活的价值，走出了失去亲人的阴郁……请看案例 6-3-3。

案例 6-3-3　"地图导航 出行无忧"的学以致用

东坡路社区的谢淦，73 岁，是智能手机课程班学员，从基础班到提高班，每次上课从未缺席。他每次都早早地带好小本子来上课，上课时在小本子上记好重点的手机操作流程，课后也会请教老师，并在班级群里分享自己的学习感悟。对他而言，感受最深的是提高班的"地图导航 出行无忧"一课，他在微信群中有两次相关的感言。

"10 月 15 日：今天参加了手机提高班第一课的学习，感到很有收获。以前很羡慕别人拿着手机看着导航图找目的地，今天的课上，我学会了下载和使用地图软件，非常实用！我想，今天参加学习的老同志都会对老师的认真指导和超凡耐心给予高度评价。下午支部开会，有一位老党员张正立听说了这个手机班后也想参加，可以吗？”

“11 月 21 日：学以致用一例。今天在同德医院，有一位外地口音的中年男子急切地问我，他的一位家人也要来医院，现在在西湖文化广场，怎么过来？我马上查了地图软件，告诉他路线。这个外地人激动地连声说谢谢。为他人排忧解难的成就感油然而生！再仔细想想，成就感不正是来自老年手机班吗？查地图软件，是我在手机班学到的最实用的技能之一！”

（智能手机课程班学员反馈录）

分析以上案例，发现智能手机课程从课堂内延展到生活中，通过学习逐步让老年人适应数智生活，也令老年人的日常生活产生良性质变。

一是课程影响了所有课堂学员。他们在参与了智能手机学习后，感到自己的生活方式发生了改变。这是老年人跨越数字鸿沟，融入数智生活的最好体现。

二是课程延伸效果明显。从线下教学到线上沟通支持，微信群作为老年学员与老师的沟通桥梁，不仅打破了空间局限，解决了老年学员有问题无处问的窘境，更是成为师生互动沟通的平台，为他们提供了一个线上交际圈。

三是课程辐射影响学员身边的人。学员学了觉得有用，就会邀请自己身边的朋友也来参加学习，这就是课程的影响力。让智慧助老行动的受益人从一个人辐射到一个群体，让更多老年人知道智慧助老行动，乐于参与手机课程并从中受益。

学员的满意度和生活的改变也印证了“玩转手机　智慧生活”课程的教学成效。学员在学习和生活的过程中使用智能技术的频率越来越高，不断享受到数字化带来的便利，逐步形成了一个健康“e 养 e 学”的生态圈。

数智时代，智能技术迅猛发展，老年人需要不断提高智能技术水平，相应的，对老年人的智能技术培训也需要与时俱进。这不是单靠一两所学校就能完成的，也不是一朝一夕就可以达到的，需要每一个家庭乃至全社会的共同关心和支持、老年人自身的不懈努力才能成功。

上城社教要为老年人创造更好、更优质的学习条件。在未来，上城社教将持续探索，增加个性化的答疑课堂，并组织老年人走出课堂，增加社会实践环节，通过体验式的学习促进学员直观、深入地了解数智生活的便捷功能，从而更好地拥抱数智时代。

参考文献

［1］詹萍．终身学习评价体系的实践研究——以杭州市上城区为例［J］．河南广播电视大学学报 .2015.28(04):4–7.

［2］中华人民共和国国家互联网信息办公室．第 30 次中国互联网络发展状况统计报告［EB/OL］.(2014–05–26)［2023–03–14］.http://www.cac.gov.cn/2014–05/26/c_126548753.html.

［3］宋亦芳．社区教育现代化的若干政策背景分析与反思［J］．教职论坛 .2020(03):88–96.

［4］吴小叶．家长教育素养：现状、问题及其原因分析［J］．成人教育 ,2015,35(07):60–62.

［5］苏鸿．区隔与融合：城市家长家庭教育素养的阶层分化研究［J］．江汉大学学报（社会科学版）,2016,33(06):5–10+118.

［6］陈瑶．混合学习理论下成人教育教学模式的探索［J］．中国成人教育 .2017(05)：93–95.

［7］蒋俏蕾，刘入豪，邱乾．技术赋权下老年人媒介生活的新特征——以老年人智能手机使用为例［J］．新闻与写作 ,2021(03):4–13.

［8］堵孔雯，姚茵茵，袁丁华．志愿者队伍管理体系及发展趋势研究——以上海科技馆志愿者队伍为例［J］．中国市场 ,2021(06):116–117.

［9］陈润卿．跨越“数字鸿沟”：人口老龄化社会发展新思考［N］．中国社会报 ,2021–03–29(003).

［10］ANDERBERG P, SKAR L, ABRAHAMSSON L, et al. Older people’s use and nonuse of the internet in Sweden[J]. International journal of environmental research and public health, 2020, 17(23): 9050.

［11］BLAžIč B.J., BLAžIč A.J. Overcoming the digital divide with a modern approach to learning digital skills for the elderly adults. Education and Information Technologies, 2020(25)259–

279.

［12］张未平，范君晖．老年数字鸿沟的社会支持体系构建［J］．老龄科学研究，2019,7(02):63–70.

［13］程云飞，李姝，熊晓晓，等．“数字鸿沟”与老年人自评健康——以北京市为例［J］．老龄科学研究，2018,6(03):14–25.

［14］何铨，张湘笛．老年人数字鸿沟的影响因素及社会融合策略［J］．浙江工业大学学报（社会科学版），2017,16(04):437–441.

第七章

深融时代，助推社会发展的社教特色力量

浙江正在高质量发展建设共同富裕示范区，大力推动物质共富与精神共富协同发展。社区教育作为提升居民素养、落实精神共富的关键手段之一，以满足居民学习需求和社会发展要求为己任，不断优化服务形式，形成优质均衡的社区教育服务体系，成为促进共同富裕的特色力量。

上城区从创设新机制、打造新体系、提供新模式、开启新征程四个方面展现“社区教育资源供给变革”，并围绕美好教育生态的愿景构筑、社区教育模式的未来探索、终身学习方式的未来变革三个方面探索未来社区教育场景的发展方向。

社区教育的未来，前景无限。

第一节
与时俱进　社区教育资源供给变革

⊙

随着工作效率的提高，人们的休闲时间也随之增加；社会老龄化日趋明显，老年居民学习需求量成倍增加……这些都为社区教育提供了更大的发展空间，但也对社区教育提出了更高的要求。

社区教育目前面临“社区居民日益增长的个性化、多样化学习需求与社区教育不平衡不充分发展之间的矛盾”。《中国教育现代化 2035》提出要“扩大社区教育资源供给，加快发展城乡社区老年教育，推动各类学习型组织建设”。因此，社区教育资源的供给变革势在必行。

一、高效整合：创设共建共享新机制

社区教育的长远发展需要教育资源的持续投入，但更有效的是对现有的教育资源进行重新融合、改造和再利用，实现社区教育的低成本和可持续推进。

构建“15 分钟市民学习圈”是高效整合利用资源的有效途径。市民根据

需要，通过移动网络搜索很快就能找到感兴趣的学习内容和距离较近的学习地点。“15 分钟市民学习圈”真正做到了把学校开到百姓家门口。

1. 发挥行政整合资源的主导力

社区教育本质上是公益事业，政府主导是我国社区教育发展的重要特征，运用行政手段有利于推动资源主体之间的合作。

许多社区教育的资源散落于各种不同机构里（如各级各类学校、博物馆、体育馆、公园等），通过行政文件和命令、检查和督导，可以有效促进社会资源主体对外开放，用于社区教育活动。针对不同街道、不同社区间社区教育发展不均衡的问题，可以通过行政主导的统筹规划，以先进带后进的方式，加强资源整合和共享力度，优化资源配置，最终实现社区教育均衡发展。

上城区以社区教育委员会为龙头，统筹协调政府各个职能部门共同参与社区教育工作，使其成为社区教育资源行政整合机制发挥作用的重要组织。社教委成员单位涵盖了党政机关、企事业单位和社会团体代表。借助于这一组织及其运作，社区教育机构与社会资源单位可以互通信息，表达利益诉求，达成项目合作，实现资源的整合利用。

在上城，社区教育资源的整合利用，还有其独特做法：通过打造一批有特色、有影响力和服务能力的学习体验基地，为市民搭建起互动式、体验式的终身学习平台，满足市民个性化的学习需求。

目前，社区教育资源依然存在资源不足和资源闲置的问题，因此，加大资源整合力度，使资源利用最优化，仍是今后上城社区教育必须解决的问题。今后三年（2023—2025 年），上城将按照“五个一”建设要求，即制作一份行走地图、编辑一本学习手册、制作一批人文行走在线学习二维码、录制一组音视频学习资源、组建一支志愿服务队伍，挖掘培育不少于 600 个“人文行走”学习点；新设不少于 60 家“有实体学习空间、有教育活动项目、有专业管理力量、有标准运营机制、有统一标识配置、有专门评估标准”的体验学习基地。在整合资源的同时，滋养市民的上城气韵。

2. 挖掘市场整合资源的内驱力

目前社区教育仍然偏重于自上而下的设计，对由下至上的需求表达仍重视不足，这就需要构建需求为本的供给机制，以社区居民的需求引领社区教育发展。要达成这一目标，仅靠政府和社区的力量是远远不够的，要支持、引导多元力量参与，充分发挥市场的优势。在满足需求上，嗅觉敏锐的市场经济有着不可替代的作用。

以需求为导向的社区教育，也要在了解居民真实需求的基础上，设计贴合居民需求的教育内容，以此提升社区教育的吸引力，实现社区教育的长足发展。这就要借助市场经济成熟的调查机制，了解居民实际需求，根据收集的数据进行需求分析，并在此基础上开发高质量、受欢迎的课程，完善社区教育课程体系。

社区教育主体与市场经济主体在整合资源的过程中应秉持互惠互利的理念，以双方的利益诉求为着眼点来设计资源整合的行动方案，这样才会获得多方社会资源的支持与配合。政府通过购买服务的方式，整合大量社会教育资源用于社区教育，这是利用市场机制整合社会资源服务于社区教育的典型做法。

今后，上城社教将坚持政府主导和市场机制介入，运维“九养上城课程孵化室”，每年编写系列教材；进一步提升精品课程菜单的利用率及市民学校的课程执行力，根据居民学习需求，每年推出课程总数 20% 以上的新课程；进一步探索微课、直播课、体验课等多种形式的课程资源，打造一批具有鲜明区域特色的品牌课程，更好地满足市民的个性化学习需求。

二、社校联合：打造互利共赢新体系

社区教育资源的进一步整合与提升需要全社会通力合作，这其中最重要的就是社区与学校等教育机构的合作。

社区教育快速发展的经验之一便是在资源整合的过程中形成了比较完善

的校社合作体系，充分利用学校的教育资源为社区和居民服务——体育、文娱设施可用来开展成人教育、技术培训等社区活动；科研骨干和专业优质的师资也可为社区教育所用。这样不但节约了社区教育成本，还提升了社区教育的成效。

上城区一直坚持学校体育场地对外开放，方便附近居民在闲暇时间进行锻炼。显然，光是开放体育场地是远远不够的，相信未来大量普教、高教的师资、场地、设备、图书等资源都将会被社区教育所使用。

同时，社区教育丰富的资源，也能给中小学校提供完全不一样的学习、活动方式。社区教育可以提供更多的学习体验项目，激发学生的潜能，促进学生的全面发展。上城社教与周边学校一直都有合作，如利用设备和师资优势，定期对高中生进行职业技能培训，丰富多样的培训项目（金工、木工、花艺、茶艺、篆刻等）不仅培养了学生的动手能力，也培养了学生的职业规划能力。几年下来，受到了学校以及学生的一致肯定。

2021 年 7 月，“双减”新政出台，上城社区教育加速与学校教育融合，助力“双减”成为社区教育新的重点工作之一。上城区委常委、宣传部部长、区社教委主任范卫东说：“‘双减’工作事关国家发展和民族未来，是社会广泛关注的民生大事，需要全社会的助力。作为全国社区教育示范区，上城要站位高，立场稳，角度准，助力区域‘双减’推进落实，在社区教育和学校教育融合互补方面有所作为。”请看案例 7-1-1。

案例 7-1-1 “上城社区好老师”积极送教进校　拓宽 X 项目为学校增加特色资源

每周二下午，葛德瑞书画院院长汤建民，都会来到江城中学，给墨韵社的孩子们辅导书法。他还有另一个身份——上城社区好老师。

时间回拨到新学期初，“双减”政策出台后，各所学校都在紧锣密鼓地探索“1+X”课后服务，但问题也随之而来。江城中学校长杨险峰说：

“我们想给孩子们提供尽可能多的X项目，但是学校的师资有限，开发社团课程的能力不足，急需社会资源助力。”上城区社区学院主动牵线搭桥，汤建民欣然答应送教入校：“我从事书法教学30多年，之前很长一段时间都面向老年教育，再次回到校园辅导孩子，有一种亲切感。”

一同进入江城中学的，还有一位社区好老师王燕，她进校开设了国风流行舞蹈社。社区学院的杨珏、陈如平、孙文麒三位老师也联合入校教授快乐纸艺课程。

近年来，社区好老师开展“匠心课堂进校园”工程，进入天艺幼儿园、紫阳幼儿园、胜利小学、服装职高、江城中学等16所中小幼学校，为孩子们送去丰富多彩的优质课程。

当下“双减”之际，最缺的是特色师资。“社区好老师在这几年的送教进校的活动中，打磨了课程内容，提升了教学能力，现在可以辐射更多学校，服务更多孩子，成为助力‘双减’的补充力量。”上城区社区学院院长陈继明告诉记者，接下来学院将对运行了5年的市民终身学习课程进行精选，制成适合青少年学习的菜单，学校可以根据实际需求邀请社区好老师。信息壁垒打通以后，将有更多社区好老师走进学校，在服务好“双减”的同时，也把一些传统技艺更好地传承下去，助力青少年个性化成长。

（杭州日报2021年11月18日报道《加快社区教育和学校教育融合互补：上城社教助力青少年个性发展　为“双减”提供强力支点》）

上述案例表明，学校教育资源与社区教育资源在合作中不断交织，相互重合，协同发展，就能形成校社融合的状态。

同属教育系统，基础教育的相对封闭与社区教育的开放无边界刚好形成相互的补充，为彼此提供借鉴。这种校社合作体系可以很好地加强学校与社会的沟通，更好地推广社会服务，同时促进社区教育的可持续发展。

而作为其中的一种实践，今后上城区将进一步探索社区“双减”实践指导站建设，统筹协调、整合资源、创新项目，为学生课后教育服务提供支持；活化区电子学习地图，编印《上城区社区“双减”资源图谱》，建立统一规范的记录和评价操作系统；加强对社区“双减”实践兼职指导教师的培训，力求每年培训总量达 100 人次以上。

三、数字赋能：提供资源使用新模式

信息技术的大力发展突破了教与学、时间与空间的限制，使得知识的传授方式和获取方式发生了新的变化，也为社区教育资源的运用与辐射创造了更便利的条件。

系统整合线上线下资源，促进信息技术与社区教育教学资源的深度融合，探索实行线上线下相结合的资源共享新模式，能进一步扩大教育资源的受众面，激发社区教育发展活力，创新社区教育服务供给方式，实现优质社区教育资源的高效共享。请看案例 7-1-2。

案例 7-1-2　拓宽线上学习资源　学位数量呈几何倍数增加

2020 年 5 月中旬，中小学陆续返校开学，老年教育机构依然没有复学，而老年人的学习需求日益高涨，为此上城社教顺势推出了乐龄学堂“幸福 e 家”线上课程。每周一至周五定期推出摄影、空竹、国画、书法、吟诵、广场舞等各类课程。

乐龄学堂“幸福 e 家”课程大多时长约 1 个小时，由老师模拟现场授课的形式进行录制。一位老年学员说：“这个课看得过瘾，我们老年人记性差，以前在教室里上课，老师讲过以后容易忘记。现在这个视频放在网上，可以反复观看学习，特别适合我们。”

“其实不只是针对疫情，我们很早就开始探索在线课程。”上城区社区学院常务副院长陈继明说，“近些年上城社教已经构建起了‘九养上城’课程体系。只要登录关注一下微信公众号‘杭州上城社教’，点击‘在线学习’，菜单栏上就会跳出‘道法修养、文化涵养、科学素养、家庭教养、技能给养、e能储养、保健滋养、闲暇福养、乐龄颐养’九个大类，每一类中都有很丰富的垂直课程。目前开设线上课程1260门，72万余人次参与学习”。

为什么要花大力气去做线上课程？陈继明坦言，近些年老年大学的办学点在增加，但线下教育资源依然供不应求。线上教育是线下教育的延伸，它的普及使更多老年人不受地域、时间限制，只要有手机、能上网，随时随地都可以学习。这也使得老年教育学位数量呈几何倍数增加，实现了优质社教资源的最大化利用。

（杭州日报2020年11月11日报道《“健康、和谐、幸福”的上城品质生活学习圈：让更多居民“学起来”更多社区“活起来”》）

上述案例表明：一方面，可以利用互联网作为社区教育需求表达和反馈的平台。平台收集居民的需求，可以最大程度突破地域局限，获得大规模的数据样本，为社区教育课程设计提供直接参考。另一方面，大量的资讯、直播课程、音视频等通过互联网可以第一时间到达居民手中，突破了学习时间和空间的限制。强大的线上互动功能，也使得线上学习成为一种时尚。

当今时代是一个信息时代，而上城区终身教育一直很注重融入智慧元素。过去区政府和区社教委花费大量精力和支出，去搜罗各学习点的信息并编辑成册，向市民发放。但实物册子的传播面毕竟有限，现在有了电子地图，可以把现在的500多个学习点的详细信息全部录入，并做到实时更新，市民在获取信息的渠道上也实现了“零壁垒”。更值得一提的是，无纸化的操作也真正实现了节能环保。

未来，数字技术将深刻地影响人们的生活。借助一个小小的移动终端，人们就能浏览一个区域内所有的教育资源，而且可以很方便地进行选择。当前，上城区不断开展老年群体智能手机培训，努力消除数字鸿沟，这正是在为即将到来的数字时代奠定基础。

未来，我们也将进一步深化“1+14+N”工程项目，全域深化社教领域数字化改革，系统设计教育治理数字化场景，多角度、深广度、高浓度、高效度、多渠道推进区域数字化学习。以“微学通”平台及学习地图推荐为依托，结合教材建设、课程孵化、师资培育等，定制专属功能，探索平台“个性化”推荐、用户“个性化”学习。

四、迭代升级：开启资源优化新征程

为了促进社区教育资源供给的最大化、最优化，未来上城区还需要更多探索和努力。

1. 升级师资

教师资源无疑是社区教育发展的基石。自 2016 年起，上城区开始评选“社区好老师”，这充实了社区教育教师队伍。

当前社区教育的教师更多地是教授实操性的课程，重实践、轻理论。未来居民的文化素质将会越来越高，个性化的需求也会越来越多，所以必须进一步提升社区教育教师的专业能力和层级，以提升社区教育的含金量。

为此，未来需要动员更多的高层次人才加盟社区教育，尤其是邀约退休专家加入社区教育，这样不仅能让居民获得更权威的知识，还能继续发挥专家余热。只有不断提升教师队伍整体素质，社区教育才会迈上一个新台阶。

未来，上城区还将进一步健全社区教育专职教师的职业发展路径，通过制订专职教师职业生涯发展规划，激发和促进专职教师主动发展；聚焦“双师多能”，创设“人人讲坛”，为每一位专职教师的成长提供宣传展示平台，通过多元、丰富的学习、体验和分享，使教师们拓宽专业视野、强化责任意识、提高执行能力；开展区体验基地、匠心工作室大教研大比武等，探索兼职教师星级制，提高教师专业素养；规范社区教育助学志愿服务项目等的管理，做好“奉献奖”等奖项的评选工作，表彰先进，进一步推动兼职教师和志愿者注册及管理制度。

2. 跨界联盟

未来上城社教将搭建各级各类社区教育资源建设联盟和协作发展平台，跨越行政隶属关系的局限，实现跨社区、跨地域、跨行业、跨领域的合作与资源整合，推动实现资源优势互补和有序流动，使社区教育资源真正从封闭走向开放。

在推进长三角一体化进程中，江、浙、沪三地积极探索推动合作、共进的社区教育资源共同体建设，组成了跨省域的“终身教育联盟”，上城区社区学院也是成员之一。今后，跨区域合作的力度将进一步加大。

3. 推动立法

从整体上看，我国的社区教育资源的整合利用尚处于初级阶段，当前的社区教育整合主要依靠政府部门推进，教育行政部门实施，但是在实际合作过程中却常常遭遇困难，共享利用效果受到影响，其根本原因在于我国目前还缺乏这方面的立法和政策保障。

因此，上城社教人也呼吁国家从立法着手，通过更高层面的法律和法规来建立教育资源的良性共享机制，确保教育资源整合有政策来源。此外，立法层面的进一步规范也可以更好地推动教育资源共享观念的普及，保障社区教育资源的有效整合。

上城区下辖 14 个街道，场馆星罗棋布，资源多样密集。虽然市民学习需求旺盛，但仍然有大量资源还没有充分利用起来。

正如上城区教育局党委书记、局长项海刚所强调的，我们致力于打造美好社区教育，就是为了从整体上提高上城百姓的获得感、幸福感。也正因如此，立足区情，与时俱进，推进社区教育资源供给变革势在必行。

融通资源，汇聚力量，上城社教人职责所在，使命必达！

第二节
跨入未来　未来社教场景探索

⊙

2021 年,《浙江省县级学习型城市发展与评价指数报告》发布, 报告中指出, 终身学习在浙江省内呈现出政府推动力大、学习参与度高、社会协同面广、城市学习活力强的美好局面。

作为浙江省着力打造的未来社区“九大场景”之一, 社区教育场景正成为服务终身学习的基础单元, 触发家校政社联动发力, 逐步呈现出“一馆多能”和“多元协同”的格局, 实现有限空间内的模块化、多路径布局和多个主体间的功能互补、协同推进。

而终身学习也正向着以需求为导向、以品质为保障、以数字为平台的生态化、智慧化、全龄化、便捷化、互动化愿景迈进。

一、美好教育生态的愿景构筑

浙江省教育厅与浙江省发展和改革委员会于 2021 年印发的《关于高质量

营造未来社区教育场景的实施意见》指出，高质量营造未来社区教育场景要做到以下几点：①坚持以人为本、需求导向。以学习者为中心，营造未来社区教育场景，将提升社区居民的获得感作为核心要义，设计、优化教育场景，推动居民个人提升与社区整体发展相适应，为不同学习层次的居民和不同形态的组织提供个性化教育服务。②坚持资源整合、综合集成。统筹利用社区内外各类场馆和场所资源，将社会、组织和个人的资源转化为公共学习资源，建设全民学习共同体。强化未来社区教育场景与其他场景的融通共享，实现社区内循环、社区间互动。③坚持机制创新、多元参与。通过政策引导和制度设计，鼓励社会力量参与未来社区教育场景的建设与运营，充分调动市场主体和社会组织积极性，实现政府引导、市场运作与居民自治有效结合，为营造未来社区教育场景创设有利条件，推动教育场景多样化、个性化、特色化发展。④坚持数智驱动、技术赋能。利用 5G、大数据、人工智能、物联网、虚拟现实等数字技术，赋能未来社区教育场景，推进各类学习空间智能化管理，建立线上与线下联通、现实与数字孪生的泛在社区学习空间。

在此愿景下，营造未来社区教育场景，应积极探索方式更加灵活、资源更加丰富、学习更加便捷的场景供给机制，满足不同人群多样化的学习需求，打造“四全三体”未来教育场景——“全时、全龄、全科、全域”的“育人综合体”“学习共同体”“数智共享体”，塑造彰显未来理念、让居民满意的社区教育样本。

1. 打造功能多元的社区育人综合体

未来社区建设带来的新技术的充分应用，极大地提升了社区教育服务供给能力，人本化、生态化和数字化的价值取向和实践成果将有效促进社区教育理念的更新，从而树立全民学习理念，创建学习型社区，促进人的全面发展。

社区教育融入未来社区建设，应着力打造“社区育人综合体”，营造社区内的学习氛围，建设全面满足童年、少年、青年、中年、老年五类人群的终身学习需求的“五阶课堂”。

联合辖区学校，落实资源错时共享，形成教育合力，营造“友好童年”育人环境，助力儿童身体和心理健康成长。联合辖区体验式社区教育场馆，开展生命教育、职业体验、技能培训等终身学习活动，为居民营造丰富多彩、健康积极的社区文化环境。

依托社区专属学习平台，进行学习信息交互，有效促进学习资源共享，统筹使用各类教育资源。不断扩展社区综合体的功能，逐步实现学习资源共建共享、社区治理共同参与等可以满足居民终身学习、幸福生活需求的重要举措。

2. 重塑互融互促的社区学习共同体

聚焦构建家校政社协同育人共同体，以“终身教育券”为纽带，以“九养课程”为体系，密切家校政社联系，通过对职能机构、辖区场馆、社区学校等教育资源的整合，实现优势互补、课程互通、学员互助，呈现“教师亦学员、学员亦教师”的美好生态。

打通学校课后服务与社区育人实践、职业体验与技能培训、各类讲座与学历晋升的壁垒，打造社区育人共同体，让学生获得更生动的学习体验和更高阶的生活能力，让居民获得生命成长的动力和职业发展的助力。

健全社区学习共同体公约，引导居民参与终身学习，拓展学习资源供给机制，提升全社区居民的学习热情。

3. 构建泛在协同的社区数字共享体

信息化在社区教育领域广泛应用，为社区教育治理提供了良好的发展空间和技术支持。社区教育也逐渐成为“大数据 + 社区教育”“AI+ 社区教育”。

未来社区教育场景应广泛应用于社区的幸福学堂、共享书房、文化家园等公共育人空间，联动社区周边的学校和企业，构建新型知识共享机制，积极探索各方平等参与、分工协作、优势互补、共同发展的线上线下“数字合作伙伴”模式，打通育人数智高速通道，提升整体育人效应，形成学校、家庭、社会相互融通、同生共长、平衡发展的数智育人网络，提供一站式学习互动平台，实现学习需求在线满足、学习机会平等供给。

二、社区教育路径的未来探索

社区文化家园是社区文化建设的重要场所，也是社区市民学校开展终身教育的主阵地。以习近平总书记系列重要讲话精神和治国理政新理念新思想新战略为指引，以“文化驿站、共享空间”为定位，大力推进社区文化建设，充分发挥社区文化家园在活跃社区文化、提升居民素质中的作用，是新时代社会治理基层实践的基本要求。

面对社区场地有限、学习资源不足、活动认可度低等突出问题，上城社区教育依托社区学院、街道分院、社区学校三级网络，计划开展“一体多能”的社区教育共建共享的发展路径探索，以“实体办学带动、项目落地驱动、居民自治推动”三条路径进行实践，指向社区文化家园“在多部门协作上健全机制、在多人群参与下完善体系、在多资源融入中丰富内涵”的目标。

1. 实体办学，带动共建促进共享

社区教育具有“助力居民实现终身学习”的基本理念，只有做到与社区居民生活、社区条件、社区发展紧密相连，才能解决教育资源方面的诸多问题。请看案例 7-2-1。

案例 7-2-1 望江街道老年学堂开班啦！

经过近三个月的筹备，上城区望江街道老年学堂在望江街道在水一方社区市民大讲堂正式开班啦！

上城区社区学院邀请活动中心主任项洁月老师为学员们开启了本学期的“玩转智能手机”课程的第一讲。

别看学员们年纪很大，可都拿出了学生时代的态度，笔、笔记本、手机准备就绪，学员们一边听老师讲解，一边在笔记本上记录。

老师讲解结束后，学员们纷纷拿起自己的手机进行操练，遇到不会的

地方，立刻举手向助教老师示意。很多学员反映，“儿女工作忙，没有时间手把手教我们使用电子产品，有了老年学堂，微信、支付宝的使用都不在话下了”。

望江街道老年学堂首先推出的课程是最受欢迎的“玩转智能手机”和“旅游文化”，让附近的居民朋友在轻松搞定智能手机的同时，不出家门也能享受全国乃至全世界各地的自然风光、人文历史和民俗文化盛宴。之后还会陆续推出声乐和民族舞等其他课程。

（杭州上城社教 2020 年 9 月 21 日《望江街道老年学堂开班啦！》）

实体化办学是建设老年学堂、推动老年教育的根本途径。这既能照顾到老年人的生理特点，又能及时回应他们多元的学习需求。相信未来在社区的建设过程中，社区老年学堂将逐步普及。

2. 项目落地，驱动共建增强共享

项目运作是开展社区教育的有效路径。在社区文化家园共建共享的背景下，通过项目运作引入各种资源，有助于项目精品化发展，使居民在全方位介入社区文化传承、体验社区氛围营造中感受自己在社区中的主体地位，强化居民的社区归属感，也促进社区良性发展。请看案例 7-2-2。

案例 7-2-2　社区架空层打造文化家园　持续迭代社网联动同心荟 3.0 版

宋书装帧制作、宋代制香、杭州泥人、小热昏……8 月 24 日晚上 7 点，在杭州市上城区笕桥街道黎明社区，一场热热闹闹的“遇‘笕’宋韵”游园会点亮了夏夜，也拉开了“‘承宋韵文脉　话共富笕桥’架空层文化客厅邻聚力·艺刻空间社网联动启动仪式”的序幕。

为对标浙江高质量发展建设共同富裕示范区，助力宋韵文化传世工程实施，本次活动设有 2 个会场，通过游园会形式，以体验家园文化为主线，

按“薪火相接”“非遗传承”“市井味道”3个篇章，让辖区居民沉浸式感受14个互动体验项目，领略“风雅处处是平常”的宋代日常生活与审美意趣。

主会场通过一场精彩绝伦的晚会，承接千年宋韵，展现义信文脉传承，描绘了笕桥居民的幸福生活篇章。

现场，社网联动同心荟3.0版——邻聚力·艺刻空间正式启动，这也预示着笕桥街道在推进新时代城市共富发展中再次作出了新探索。

下一步，笕桥街道将进一步完善社网联动同心荟的运行机制，由街道纪工委聚焦日常监管、资金使用等方面开展监督检查，积极推进架空层文化家园建设，打造社区统战工作“同心共益”共富样板间，为建设独具韵味的国际化、现代化共同富裕典范城区提供“笕桥经验”，建设宋韵文化兴盛传承的幸福家园。

（人民资讯2022年8月26日报道《杭州上城：社区架空层打造文化家园 持续迭代社网联动同心荟3.0版》）

邻聚力·艺刻空间项目作为社网联动同心荟3.0版，凝聚了笕桥街道统战力量，以第三方社会公益慈善之力，联合数个有架空层文化场馆的社区，在面积总和近10000平方米的33个场馆内，开展传承宋韵文化、新时代志愿服务等系列活动，全力打造社区15分钟文化圈公益服务体系，构建同心共富美好生活。这是一个典型的资源共建成功案例。

3. 居民自治，推动共建实现共享

居民是社区的主体，也是社区文化家园参与的主体，居民自觉自愿参与社区文化建设是有效开展社区教育的前提与基础。

居民也是居民自治的主体，根据“自己的事情自己管”“大家的事情大家办”原则，通过民主协商的方式，共同解决社区内公共事务和公益事业等方面的问题，达成社区治理的目标。请看案例7-2-3。

案例 7-2-3 美政桥社区益治学府

美政桥社区围绕加强社区居民自治的理念创办益治学府。益治学府以社区文化家园为依托，建立了“一馆一园三室”，以共享共学为基础，以调动社区居民参与社区治理为目标，提出“这里是小区居民读书、学习的地方，这里是小区居民相互联络的地方，最终是让小区成为居民的小区”。

益治学府从诞生开始，获得区民政局、区教育局、区文广新局等多个部门的支持。在街道的大力扶持下，社区文化教育活动开展得如火如荼，成为因地制宜展现居民理念的自治典型。

水源保护与监控是社区所在区域的一个重点工作。益治学府结合青少年实践需求，在社区文化家园开设了水文馆，通过社会组织的运作，在机构设置、人员组成、职责落实、日常管理等方面科学分工、免费实施，加大了地域特色对社区青少年的教育作用，增强了青少年保护水资源的意识，体现了因地制宜凸显地域特色的自治作为。

南宋官窑博物馆临近美政桥社区，虽不在其辖区内，但由社会组织牵线搭桥，通过社区市民学校开设南宋陶瓷专题讲座、“青少年心中的南宋瓷器绘画”专场、假期青少年南宋官窑博物馆游学活动……将社区文化家园与南宋官窑文化联系起来，在社会组织、场馆、辖区单位的共同努力下，实现了南宋特色地域文化的实践共享。博物馆先后开展活动 26 次，参与人数 600 人左右，极大地激发了居民了解地域文化的意识与意愿，丰富了社区文化家园的内涵与外延。

益治学府培养出许多百姓学习之星、市学习型社团、社区好老师、终身学习品牌等，还获评省老年示范教学点。

（上城区社区学院南星分院）

社区是开展文化建设和终身教育的主阵地。上城社教要用好社区场馆，通过社会力量加入、学习项目引进、居民参与自治等做法，验证共建共享的有效路径和多样成效，实现多部门协作、多人群参与、多资源融入的社区教育样式。

三、终身教育模式的发展趋向

社区教育经过多年发展，初步形成了多部门推动、多主体参与、多形式办学的发展格局，但就目前而言，家校政社协同仍显不足。

社区教育要面向未来，必然需要家校政社协同发展，从价值目标、制度设计、资源梯度、过程协同、多元评价五个维度，构建协同治理策略框架，实现政府主导下多元主体参与治理模式的效益最大化，有效满足居民的教育需求。

1. 聚焦价值目标，实现“政府 + 社会组织”同频共振

由于各方利益存在差异，多元治理主体在价值共识的聚合力方面，要由社区教育委员会主导梳理社区教育的要求与力量，将各方目标整合为共同目标，形成体系完整、版块清晰的教育目标。各成员单位协同执行，实现目标同向、责任共担、利益分享的效果。

坚持以职能界限和互补协作为生态链接。每一个力量都是多元主体中平等的责任主体，在协同治理框架中组成一个互惠共生的生态池。

根据目标规划和职能要求，进一步厘清各部门、社会组织等多元主体在社区教育中的工作职能界限，发挥和引入内外部供给侧资源，协调并种好自己的“责任田”，实现优势互补、同频共振。

2. 创新制度设计，实现“跨界 + 互惠”运作模式

建立“业联体”教育联盟，成立工作委员会，具备“多元、跨界、横贯、赋能”特质，加强对上城区社区教育工作的宏观规划、政策制定、统筹协调、指导监督和绩效评价。

“业联体”教育联盟作为“母系统”，指导各成员单位定期交流、协商工作，共同研究解决社区教育发展中的重大问题，围绕既定工作目标协调成员单位进行“公转”。各成员单位作为“子系统”，在完成“公转”的同时根据自身职能和优势实现“自转”。

与此同时，同步建立责权与利益共担机制、主体协同参与机制、优势资源共享机制、项目长效运作机制，聚合职能部门和社会组织的教育资源，建立具体清晰的多元主体跨界参与教育的分工机制、协作机制和共享机制，为社会力量参与教育治理建立制度及政策安排，做到权责分明，保障多元主体社区教育协作治理工作的规范性、持续性、协作性。

3. 统筹教育资源梯度，实现“实体 + 虚拟”支持体系

依据多元主体实际情况，统筹规划实体教育资源梯度建设。

高校、职业院校、老年大学、开放大学等作为优质教育资源比较集中的成员单位，应该在老年职业、技能教育等领域中发挥引领作用，同时在协同治理体系中发挥孵化作用和辐射作用。

区、街道、社区是梯度能级转化的中介，应着力保障市民家门口的学习场所，不断整合辖区内的公共场馆资源，建立资源开放与共享机制，依托文化、教育、体育、科技等方面的资源和养老机构、社会组织等设施，建设一批不同主题、富有特色的社区市民学校和学习体验基地，定期组织居民开展各类学习活动。

培育和发展社会组织，发挥专业资源优势，特别是在协同队伍建设和课程开发等方面，要加快优化社区教育的供给侧改革。

加强信息技术赋能，做好线上教育资源梯度“链接”。一是通过互联网技术，推进线上线下一体化教学；二是加强数字化优质学习资源跨区域、跨部门共建共享；三是满足个性化教育需求，为个性化学习提供推介与支持。

4. 协同过程治理，探索“多元 + 融合”办学模式

建立多元主体联动平台。建立以政府购买服务、社会力量参与为重点的联

动平台，推进资讯分享、资源共享，实现互动互惠。完善社区教育学习资源运用、课程开发、队伍建设的联动机制，实现场地资源融合共推、教师和课程资源统筹共享。通过组织化培育、专业化发展、项目化支持，推动社区教育高质量发展。

探索形式多样的协同治理办学模式。政府相关部门和社会组织具有不同的价值判断和利益需求，在社区教育中保持着既竞争又合作的良好关系。“融合”的理念能使不同的组织、机构和主体为了实现共同的目标，打破壁垒、发挥优势，共同投入合作，创新办学模式。

全力打造“社区主体承建、社会力量参与、高等院校支持、医养教结合”的社区教育“融”模式。

引入社会工作方法，未来社区教育服务应致力于从公益性服务向专业化服务转型。专业化服务最重要的基本特征是个性化、以需求为本、以提升生存发展能力为目标。

以动态的思维模式观察和改进社区教育协同推进机制和方式。多元主体间通过购买、合作、委托等多种形式，采用公益、微利、补助、联营、市场运营等多种方式开展社区教育社会化探索，在项目协同服务中加强合同管理、评估兑现，提高社会组织的专业化服务水平。

5. 开展多元评价，实现“过程 + 绩效”全程跟进

在社区教育走向未来的过程中，要开展多元评价，促进其更好、更快、更深入地发展。

视导评价：以多元评价，跟踪服务效果，助力服务能级提升。加强教学视导、工作巡查，将阶段性工作指导与监测紧密结合起来，将视导情况作为考核的重要依据。

成果激励评价：每年开展现场观摩、评优评先、成果展示等活动，将展示和评比成绩作为绩效考核的加分内容，鼓励争优创先，提升质量，形成良性竞争。

市场反馈评价：教育服务质量好不好，市场说了算。哪种方式、哪家的服务更能满足居民人群多样化学习需求，可以开展市场满意度调查，将结果作为考核的重要依据。

第三方绩效评估：根据目标考核制度，开展过程评估和成效评估，将服务质量好、教育效果佳的社会组织列入白名单；反之，则列入黑名单，并将影响其下一年的合作资格。

四、终身学习方式的未来变革

学习是人类进化的根本方式。终身教育从职业阶段向全龄段普及，在人工智能时代，学习正影响着每一个人。请看案例 7-2-4。

案例 7-2-4 国内外社区教育的发展简况

终身学习源于工业革命时期，当时大多数人缺乏获得学士及以上学位的机会，他们需要通过各种学习来应对变化的时代和工作环境。

1831 年，英国年轻人皮特曼获得了教师资格证，他对生命与时间的关系有着独到见解——时间就是生命。这个信条引领他发明了一套语音速记系统“皮特曼速记法”，并以“标准邮票”的回复形式，创造了世界上第一个远程学习课程，成为推动终身学习的先驱。

几个世纪以来，从公共广播电台到各类教育机构，以及各类大学的继续教育学院，都纷纷投入终身学习领域。社区学院在终身教育理论的指引下，如雨后春笋般在神州大地萌发，在不断发展的历程中经历了从“扫文盲”“扫电脑盲”到如今的“扫手机盲”，是时代车轮下的终身学习助推器。

如今美国有超 1000 家社区学院提供教育服务，一直是美国高等教育的旗手，把教育机会延伸到社会最基层。终身教育不仅仅局限于高学历的获得，学历加技能已经成为社区学院落到基层最普遍的做法，每年约 1280

万名学生进入社区学院取得更高层级的学历。

（杭州市上城区社区学院）

在上城未来教育格局中，社区教育将进一步发挥技能习得、学历提升、居民共学、精神共富的功能，为挑战人工智能时代做好终身教育指引。

通过三级社教网络，社区教育将推动数字化、体验式、全龄段学习变革，助推学习生态从“满足学习需求的统一部署”向“服务个性发展的订制教育”转变。

自动化时代促使传统工作岗位以惊人的速度消失，通过终身学习的普及，未来将有更多自由职业者在各种各样的工作环境中灵活就业，也会有越来越多的多技能、高学历人才出现，以适应高科技时代的变革。

在未来终身学习模式中，教育者与学习者将融为一体，共同设计学习课程，规划专业成长，促进技术变革，打破时间、空间界限，让各项订制课程与特色化授课相辅相成。

与此同时，大学课堂正通过数字化方式向大家开放，短视频平台正成为教学生力军，学习机会将进一步推送到人们手上，不学习必然导致被社会淘汰。

社区教育将以奋进的姿态迎接挑战，也迎来自身更宏伟的发展前景。

上城社区教育人，一直在努力，一直在探索。面对未来，上城社区教育人不仅仰望星空，也坚信路在脚下。

参考文献

［1］陆丹梅．“互联网＋”背景下社区教育供给侧改革探析［J］．河北大学成人教育学院学报，2017,19(04):56−58.

［2］赵君佗．国外社区教育资源融合利用的经验借鉴与启示［J］．广州广播电视大学学报，2016,16(05):7−10,107.

［3］赵君佗．新常态下城市社区教育资源体系化构建探析［J］．广东开放大学学报，2016,25(02):1−4.

［4］范会芳，张宁．需求视角下社区教育供给机制的构建——以河南省社区教育

实践为例［J］. 成人教育,2021,41(04):23-27.

［5］约瑟夫·E. 奥恩. 教育的未来：人工智能时代的教育变革［M］. 李海燕，王秦辉，译. 北京：机械工业出版社,2018.

［6］徐敏娟. 基于浙江省未来社区建设的社区教育研究与展望［J］. 中国成人教育,2021(12):69-73.

第八章
深研创新，面向未来教育的社教生命衍进

教育面向未来，社区教育要与之同步。

教育数字化改革不断发展，内容上不断丰富，技术上不断革新，将给予社区教育发展无限可能。

围绕“数字化终身学习成果转化”，创设“e 贝礼库”，探索终身学习激励机制；推进 0—100 岁的全年龄段教育，打破社区教育与高等教育、技能教育、职业教育的壁垒，实现“学分互认”……这些都是上城教育在不久的将来要探索与实践的。

深研教育创新，让成长遇见未来，让终身学习者得到更多元化的教育，让上城社区教育走向更灿烂的明天。

第一节
“e 贝礼库”学习成果转化

⊙

上城区一直积极探索并着力构建有利于社区教育发展的长效机制，启动建设社区教育数字化学习平台就是其中重要的举措。

除了监督制度、评价指标、展示交流机制外，数字化学习平台还着重建立了激励机制，推动终身学习资源供需双方的良性发展。

一、上城区终身学习激励机制探索

《教育部等七部门关于推进学习型城市建设的意见》指出：建设学习型城市，对于满足人民群众学有所教的终生学习需求、促进人的全面发展等具有重要意义。上城区有效实施了学习型城市建设长效机制，走过了一条不断探索、持续推进的道路，使得上城区的学习型城市建设更为持久、深入。

1. 以评促建：把学习绩效作为人员奖励、部门评优的依据

上城区有计划地制定了区级学习型机关、学习型企业、学习型街道、学习型社区、学习型校园、学习型家庭评估指标，开展了各类学习型组织评比、和谐社区考核工作，启动了数字化学习街道、数字化学习社区、学习之星、终身学习品牌、优秀社区教育志愿者等项目的评比，各级各类创优争先活动激发了居民的学习热情，推进与深化了学习型城市建设。

2. 终身教育券：政府购买终身教育服务

2004 年 2 月 15 日，全国第一张“终身教育券”在上城区首发，以“培训部门设计菜单，政府及各行业部门买单”的形式，满足了不同群体市民的学习需求，是推进社区教育社会化、市场化的重要表现，是筹措各类经费、联合社会力量共同开展社区教育的探索与实践。

3. 电子终身教育券：链接学习资源与学习者

2007 年，上城区在“终身教育券”工程基础上，依托“e 学网”推出了“电子终身教育券”。凡上城区行政所辖家庭，凭有效证件（身份证、暂住证、户口本）都可以提出申请，建立自己的电子终身教育券家庭用户账号，领取学习币，进行学习与资源下载。

立足于此，上城区积极探索构筑数字化学习社区建设的路径，在“量身定制”研发课程、激发市民参与数字化学习的热情、为市民网上学习提供支持服务、优化网络平台的运营模式等方面进行了一系列深入的探索实践。

4. 实物奖励：让学习收获看得见

上城区在 21 世纪初全面启动社区教育，为激励居民参与，投入大量资金，采用实物奖励的形式推动全民终身学习活动的开展。

例如 2006 年，上城区开展了“万户家庭网上学”活动，每年用 1 至 2 个

月时间，通过宣传、启动、实施、评比、表彰的方式推进数字化学习，采用精神鼓励和实物奖励相结合的方式，推动居民积极参与。请看案例 8-1-1。

案例 8-1-1 实物奖励，吸引居民

在以“我爱我家，我学我秀”为主题的上城区第四届“万户家庭网上学”活动中，上城区为参与学习的居民家庭设置了一等奖 1 个，奖品为价值约 3000 元的笔记本电脑；二等奖 2 个，奖品为价值约 2000 元的数码相机；三等奖 7 个，奖品为价值约 1000 元的小型液晶电视；参与奖 100 个，奖品为价值约 100 元的 MP3；纪念奖奖品 300 份。

（上城区第四届“万户家庭网上学”活动方案）

在初步推广阶段，居民因为对“终身学习”的概念比较陌生，参与的积极性还没有被调动起来，用奖品吸引居民参与是十分必要的。实际上这也是对居民学习态度与学习成果的肯定与鼓励。

5. 积分兑换：居民线上学习成果物化奖励的进一步规范

2010 年，“e 学网”开发了学习币模块——“悦学宝”。学员通过学习课程、知识竞答、考试、在线交流等手段随机获得“悦学宝”专用币。具体办法是在学员学习课程的任意节点设计一个“悦学宝”，不同价值的“悦学宝”可以兑换不同数量的“学习币”，积累一定数量的学习币可以到社区学院兑换实物奖品。

6. “e 贝礼库”：居民终身学习成果转化的上城实践

2015 年，随着上城区移动数字化学习终端“微学通”的发布，上城区终身学习成果兑换平台“e 贝礼库”正式上线。上城区居民在线上学习产生的积分，可以通过“e 贝礼库”兑换手机话费、视频平台会员、支付代金券等数字商品。同时“e 贝礼库”还与电商平台合作，为居民提供实物兑换、快递上门的服务。

二、e 贝礼库：未来已来

人类社会进入 21 世纪，现代信息技术的快速迭代让数字经济成为发展最快的经济形态。顺应时代需求，上城区将创新“e 贝礼库”居民终身学习成果转化机制。

上城区终身学习成果“e 贝”将以数字有价票证的形式限量发行，通过政府财政投入和社会公益投入来保障兑换价值，利用区域内组建的线下兑换网络和线上发达的电商体系实现灵活的实物转化，最终达成“放大终身学习成果，促进全民参与终身学习”的目标。

面向未来，上城区进一步提出了创新的“e 贝礼库”2.0，它依托数字化终身学习成果认定中心体系，并将以实体化的“e 贝礼库”营业厅窗口为骨干落实线下成果转化场景，让上城区终身学习成果“e 贝”成为居民看得见、摸得着、体验得到的数字化学习成果。

1. 坚持终身学习成果“e 贝”的荣誉属性

上城区终身学习成果“e 贝”是对居民参与终身学习、参与学习型城市建设的肯定，只能通过参与终身学习或提供终身学习资源与服务的途径获取，由上城区“e 贝礼库”终身学习成果认定中心发放。

上城区希望终身学习成果“e 贝”能够作为上城区各类终身学习相关评选的核心指标之一，在各类学习型组织评比、基层政府考核以及社区好老师、学习之星、五好家庭、优秀社区教育志愿者等个人综合荣誉评审中发挥作用。

居民所获得的“e 贝”是在不断增长的，不因兑换而减少。用物化的方式进行成果转化是对“e 贝”积累的阶段性鼓励，只以记账的形式扣除已兑换额度。

2. 建立“e 贝礼库”终身学习成果认定中心

与浙江省学分银行不同，上城区“e 贝礼库”终身学习成果来源广泛，在认可省学分银行学分的基础上，增添了可积累项目，多渠道为居民积累可供兑换的“e 贝”。

为了有效开展区域终身学习成果管理，上城社区教育构想成立“上城区‘e 贝礼库’终身学习成果认定中心”，所有的终身学习相关成果，都将汇入该中心。

同步省学分银行的成果。“e 贝礼库”与省学分银行、杭学通等实现数据实时联通。上城居民在省学分银行、杭学通的成果可以被全面认可，并可以换算为上城区终身学习成果“e 贝”。

汇聚换算已数字化的学习成果。目前，居民使用的线上学习平台越来越多，针对一些较成熟可靠的数字学习平台，其学习成果未汇入省学分银行的，为尽可能进行成果对接，通过平台筛选后，如上城社教的“微学通”平台的积分、教育局主管的“星级家长执照”平台的积分、宣传部主管的“宋韵行走”平台的积分、文明办主管的“第二课堂”平台的积分等运营中的数字化平台的学习成果，均可汇入“e 贝礼库”进行成果认证。总之，将区域内分散在各个数字学习平台的学习成果尽可能地汇聚，筛选后按规则换算为上城区终身学习“e 贝”。

核定量化未数字化的学习成果。社区教育是面向最广泛居民的惠民教育服务，深入群众开展线下教育活动永远是最基本、最重要的实施路径。上城教育要尽最大的可能把这些未数字化的学习成果进行记录和量化。居民参加科协、妇联、团委、少工委、文化、体育、街道、社区等责任部门组织的学习活动；居民去非遗体验馆、图书馆、博物馆等文化场所参观体验；居民参与一些优质的企业、民非组织、群众团体组织的学习活动……都可由组织方申报，设立常态化服务窗口，在“e 贝礼库”营业厅凭可信学习记录材料核定量化为“e 贝”。

提供终身教育资源与服务也纳入“e 贝”认定范围。“e 贝”不限于学习成果体现，而是对居民参与终身教育的全流程激励。学习者可以成为社区好老师、社区教育志愿者，为其他居民提供终身学习服务；也可以制作社区教育微课、教材，组织终身学习活动……只要是有益于区域终身教育事业发展的行动，都属于“e 贝”认定和奖励的范围（见图 8-1-1）。

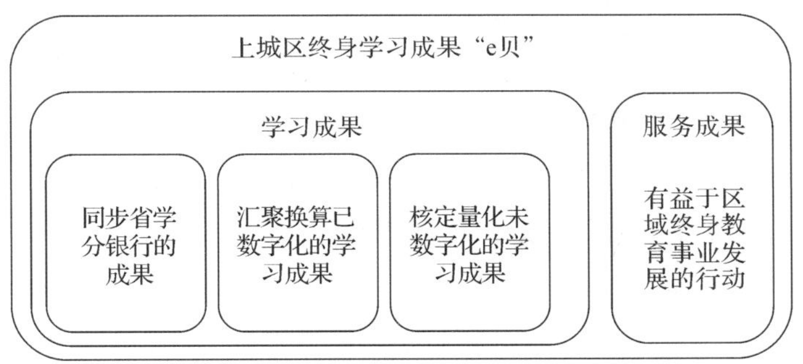

图 8-1-1　上城区终身学习成果“e 贝”的来源

3. 完备“e 贝礼库”终身学习成果认定中心职责

上城区“e 贝礼库”终身学习成果认定中心承担着区域终身学习成果管理的工作，肩负着以下职责：

做好省学分银行学分认定工作，完成规划的学分银行上城分中心发展目标。

建设迭代“e 贝礼库”系统，对接省学分银行、杭学通、“微学通”、星级家长执照等与终身学习有关的数字化学习平台，实现学习成果双向互认、流通。

规划“e 贝”发行规模和存量，筹措兑换资源，保障“e 贝”价值稳定，确保“e 贝礼库”系统平稳有序发展。

制订“e 贝”认定规范标准，组织开展“e 贝”认定发放工作，在保证成果质量的基础上，线上线下同时发力，纳入更多学习项目，努力扩大受益居民范围。

为居民管理好持有的“e 贝”，完善流水记录，提供查询服务，尝试“e 贝”转结和发放“e 贝”存折（证书）。

组织并监管“e 贝”兑换网络有效稳定运行，保障兑换服务和产品质量，让居民满意。

开展大数据研究，把握“e 贝礼库”发展方向，同时为政府相关决策、各类评优评先提供数据支撑。

4. 确立“e 贝礼库”营业厅窗口功能

构想中“e 贝礼库”营业厅设立在上城区社区学院内，是线下实体化运行的窗口部门。和商业银行的线下营业厅一样，“e 贝礼库”营业厅是直接面对居民的服务窗口，是终身学习成果认定中心的实物载体。

通过“e 贝礼库”营业厅让“e 贝”成为居民看得见、摸得着的个人“金融”资产，同时确立了它具有以下主要功能：受理省学分银行学分认定；受理上城区终身学习“e 贝”认定；接待居民与“e 贝礼库”相关的咨询、查询、转结、投诉，打印“e 贝存单”“星级家长执照证书”等成果证明；作为“e 贝礼库”兑换中心，接待居民线下兑换，指导协助线上兑换；作为数字化学习体验点，作为居民了解社区教育的窗口，宣传推广各类终身教育活动。

5. 完善“e 贝礼库”终身学习成果兑换网络

迭代现有的“e 贝礼库”业务平台，建立线上线下相结合的“e 贝礼库”终身学习成果兑换网络。创新兑换“礼库”，尽量放大政府投入的效能产出，提升居民学习获得感，探索社会广泛参与、丰富“礼库”的形态。

线上以“微学通”为入口的“e 贝礼库”应用为核心，多方筹措兑换资源，建立区域特色的“礼库”，同时引入第三方电商服务作为补充。

线下以设立在上城区社区学院的“e 贝礼库”营业厅为核心，以各街道分院、社区市民学校为子网点，部署综合兑换点；以社区教育公益机构、特约商户为专项兑换点，建立覆盖上城整个区域的线下兑换网络。

“e 贝礼库”终身学习成果兑换采取人工兑换与自动兑换相结合的方式。为降低运营成本，提高兑换效率，居民可以自助兑换。但是社区教育的公益性和终身学习的全年龄覆盖特性，都决定了居民需要方便的线下人工兑换服务。创新“e 贝礼库”营业厅窗口服务可以落实上城社区教育“全域推进终身学习一个人都不能少”的理念。

6. 实施阶段性荣誉激励

充分发挥“e 贝”的荣誉属性和基层政府组织的威信，设计制定合理的阶段性荣誉激励机制。例如以“e 贝”积累余额为标准，分别在居民“e 贝”积累至 1000 贝、2000 贝、5000 贝等阶段性节点时给居民发放电子证书，且居民可到“e 贝礼库”营业厅等线下网点领取纸质证书留念并领取奖品。再如在每年举行上城区全民终身学习活动周时，统计新晋级 10000 贝的居民，邀请其参加活动周开幕式，并现场颁发荣誉证书和奖品。

7. 丰富自主兑换礼品

“e 贝礼库”要有效运维，其基础是丰富的礼品与便捷的兑换方式。

方式一：兑换数字虚拟商品和线上实物商品

充分利用电商平台产品的丰富性和物流的便利性，以购买服务的方式，通过第三方电商平台为居民提供兑换服务。这也是“e 贝礼库”1.0 采取的主要兑换形式。

方式二：兑换线下实体店商品和折扣优惠

例如小营街道老浙大社区运营的“比邻汇”公益服务平台，组建“红色联盟”“公益联盟”“商圈联盟”“义工联盟”四大资源，开展公益服务和社区治理相结合的探索，平台产生的公益积分通过“商圈联盟”让居民不出社区就能实现形式多样的线下兑换，取得了显著成效。“e 贝礼库”可以借鉴“比邻汇”的成功经验，建设自己的线下兑换联盟网点，也可以与这样的项目合作，让居民在家门口就能实现兑换。

方式三：兑换线上线下课程

“e 贝礼库”将组织利用老年开放大学、上城区社区学院、青少年活动中心、非遗体验馆、博物馆、图书馆等终身学习服务机构的优质课程资源，汇聚部委办局、街道社区的优质课程资源，以购买服务的方式吸收社会教育机构的优秀课程……进一步拓宽课程来源、丰富课程内容与数量。居民使用“e 贝”即可免费兑换课程或折抵部分费用。

方式四：兑换线下文旅产品

提倡亲子共学、家庭同游，精选本地线下文旅产品供居民选择。例如可以用一定数量的“e 贝”兑换公园年票、演出门票、地铁票等。

方式五：兑换社区服务

杭州市建立了养老服务电子津贴制度，电子津贴以“重阳分”的形式发放，可用于基本生活照料、助餐、助浴、助医、管道疏通等 20 多项服务。相关服务企业提供服务后收取“重阳分”，最后由政府兑现。“e 贝礼库”也可借鉴“重阳分”的成功经验，为居民提供社区服务兑换。

方式六：创新智能兑换一体机

智能兑换一体机可以为居民提供全天 24 小时的即时兑换服务，可以实现照片打印，把手机里的美照变成手里的实物照片；可以实现餐巾纸、垃圾袋等体积小、价格低的日用品兑换。这些实物发放成本远低于电商产品，而且无需物流即时可取。最重要的是智能兑换一体机用低廉又实用的产品把兑换门槛降到最低，最适合居民首次体验。居民只需参与一两次活动，积累少量“e 贝”即可获得兑换体验。

8. 为区域内其它积分兑换平台提供数据服务

在上城，还有许多创新的积分兑换平台，如各个未来社区项目、全民阅读项目、文旅推广项目都建立了自己的数字化平台，建立了自己的积分兑换机制。

“e 贝礼库”可以与它们开展合作，不仅仅是将它们的数据汇聚筛选为自己的“e 贝”，也可以反向把“e 贝”转换为它们的积分。在促进多平台良性互动的同时，也让居民的一份学习通过多个渠道获得多种成果选择。

社区教育在数字化变革和城市化运用中进一步走向未来，必将深度融入社区的教育场景构建中，成为助力社区治理和增进民生福祉的重要内容。“e 贝礼库”就是上城区的一种向前探索的尝试，可能还有些理想化，需要在实践中逐步修正与完善。

第二节
学分互认　推动学习新常态

2020 年，新冠疫情让中国数千万青少年首次集体体验在家学习的新模式。当学习不再局限于教室之中，当线上学习站上舞台，上城社教人不禁思考，现有的上城社教“微学通”平台能否满足上城区全体居民的学习需求？为了解决这一问题，就必须拥有更多优质课程，而想要引进更多优质课程，首先必须解决学分互认的问题。

学分互认是现今横在社区教育面前的一大难题，线上学习如此，线下学习也是如此。学分互认之所以困难，归根结底在于各个平台、各级各类教育、各个学校之间的情况存在差异，赋分规则、技术水平等各方面的不统一都限制了学分互认的实施。这在一定程度上制约了学生尤其是社区教育的学生的学习积极性。

各种来源的学分如何进行良好对接？怎样将这面堵在终身教育之前的“隐形围墙”推倒？这将是上城社区教育人下一阶段要攻克的难关。

一、目标：学分互认

学分互认，通俗来说，就是各方互相认定、转换学分。

学分互认原本发生在高校之间，指学生除学习本校课程之外，还可以学习其他院校的相关课程，所得学分可转换为本校学分，同时本校学分也为其他院校所承认。

而上城社教希望达成的“学分互认”，更多是从终身教育层面出发。除了学历教育的学分能够互认，非学历教育如社区教育，其学分也能互认，能否实现学分互认这不仅是社区教育工作者，更是广大学习者共同关心的问题。如果实现了学分互认，不仅是对学习者学习成果的肯定，更是推进他们继续学习、终身学习的重大激励。

当今社会瞬息万变，学习是适应变化的最重要手段之一，这也使得学习成为许多人生活、工作的“标配”。作为学习者，总是趋向于接受更高层次、更多元化的教育，而学分互认，能够跨越不同层次、不同来源的教育，承认学习者所有的学习付出，形成完整的学习成果清单，进而通过一定的折算方式形成总学分，并列于学习者名下。

如何汇聚这些终身学习的学分？如何寻找合适的方式与其他层次、其他来源的学分进行良好对接？这些都需要上城社教人去思考、探索和解决。

二、探索 1：打造省区联合的社区教育“随手学”

杭州终身学习公共服务平台“杭学通”被称为“社区教育的随身学习利器”，它的出现让杭州社区居民有了一个便捷实用的移动学习平台。通过下面的案例 8-2-1，将会对“杭学通”形成一个初步的认识。

案例 8-2-1 杭州终身学习公共服务平台“杭学通”

2021 年以来，杭州社区教育大力构建数字化的终身学习新生态。杭州社区教育建立了统一的“数治大脑”——“杭学通”，以数据驱动教育服务升级为突破口，汇聚教学、管理、服务等不同业务数据，运用云计算、大数据等技术构建智慧治理系统，由此杭州社区居民就有了一个随身、随时的移动学习平台。

据统计，2021 年杭州终身学习公共服务平台注册市民 190 万人，总访问量 583 万次，覆盖全市 13 个区（县、市），入住社区教育服务机构 1628 家，参与服务人员 2947 人，专兼职教师队伍 5309 人，在全市 1271 个场地上开展学习活动 10843 场，3251794 人参与活动，占常住人口的 27.24%。

2021 年 9 月，“建杭乐学杯”杭州银龄智能学习积分挑战赛启动，将“杭学通”平台推介给了更多的居民，给他们的日常生活提供了更多的学习机会。

获得 2021 年度“建杭乐学杯”杭州银龄智能学习积分挑战赛个人一等奖的文越女士通过“杭学通”学到了许多技能，比如手机投屏到电视、家庭养花小技巧等，丰富了日常生活。

国杭燕女士和她的上城区老年大学“乐学生活”团队获得了本次积分挑战赛的团体一等奖。在使用“杭学通”平台后，她还把它推荐给了身边的老年朋友，她表示“杭学通”:“用起来特别方便，以前在网上查，还要在搜索结果里一项项选，其实都不太适合老年人，而‘杭学通’就很方便，找到的都是符合自己需求的。”

（2022 年 1 月 11 日杭州日报《杭州社区教育有了“数治大脑”“杭学通”平台帮老年人跨越“数字鸿沟”》）

上城社区教育的“微学通”，其性质也跟“杭学通”类似，只是“微学通”主要服务上城居民，而“杭学通”面向整个杭州市，且“杭学通”的学习数据直通浙江省学分银行，数据实时汇入省平台，省去了年度统计数据录入的繁杂。

既然市平台可以和省学分银行互通，那么区平台“微学通”是不是也可以借鉴、操作呢？

“微学通”是集学习、管理、互动、报名于一体的学习平台，是上城居民“口袋里的学习圈”。目前，“微学通”最重要的工作之一就是统一用户注册、学习成果管理，建设上城区终身学习成果认定中心，建设“e 贝礼库”，实现终身学习成果转换、汇总、奖励。

浙江省学分银行是浙江省为构建终身教育体系，搭建终身学习“立交桥”，拓宽终身学习通道，灵活借鉴货币银行储蓄功能及特点，创新终身学习管理体系的一种积极尝试；是贯彻落实《浙江省教育事业发展“十四五”规划》的一项重要举措；也是着力推进继续教育和终身教育公共服务体系建设的一项基础性工作。它以个人综合学习成果与经历为桥梁，用户可向学分银行存入学历教育和非学历教育中的各类型、各阶段、各层次的学习成果，并通过平台内部进行学习成果认定、积累与转换。

上城区社区学院作为浙江省学分银行管理下的分中心机构，下设 24 个受理点，共 294 个非学历办学机构，每个受理点和机构都配备 1—2 个管理员。可以说，体系已经较为完善。

1. 架设数字天桥，实现数据实时流通

大数据时代的重要特征之一就是数据共享。要顺应大数据时代的潮流，“微学通”平台在信息数据方面也要实现互通共享。

上城社教一般都是在“微学通”上开设课程，由学员自主报名、缴费，所以大多数老年学员都能较流畅地使用“微学通”。而到了上课时间，来到教室，他们又需要扫描“杭学通”的签到码进行签到，这给本就对智能手机运用不太熟练的老年学员带去了很大困扰。

做到“微学通”与省学分银行数据互通是实现互通共享的必经之路。上城社教已经在“微学通”后续开发上设定了这一内容——借助技术公司对学分

银行的支持，在“微学通”版面加入一个版块，留给学分银行，并在后台设置管理员，与学分银行受理点或机构的管理员信息同步，由管理员来运营学分银行版块，学员上课时只需要扫描“微学通”签到码就好。这样学习画面就变成：课前、课中、课后只需要使用“微学通”一个平台即可。

这不仅实现了“微学通”与“杭学通”、省学分银行的数据共享，更重要的是方便了学员。

2. 更新赋分规则，促成学分实时换算

学分银行的设立就是要解决学习成果的统一价值衡量“尺度”问题。

想要实现学分互认，首先要建立标准体系，正所谓“无规矩不成方圆”。建立标准体系的重点在于构建学分设置标准、学时转换规则和工作流程标准等。

“微学通”积分主要分为常规类积分和学习积分两方面。学分银行的课程建设一般是设立课时，为了方便学分认定，“微学通”可以修改赋分规则，实行积分与课时两种不同的计算方法：对于学习培训类的，可以采用课时制；对于非学习培训类的，延续原有的积分制。这样，管理员在学分银行上设置上城社教课程的时候就可以有所参考，后期学分打通就成为自然而然的事情。

三、探索 2：开设馆院一体的社区教育“加分认”

2022 年 5 月 17 日，上城区成立博物馆联盟。博物馆联盟首批成员单位有杭州东方圆木博物馆、杭州大光明眼镜博物馆、龚自珍纪念馆、杭州胡庆余堂中药博物馆、杭州海塘遗址博物馆、杭州华夏紫砂博物馆、杭州江南锡器博物馆、杭州笕桥抗战纪念馆、杭州南宋钱币博物馆、杭州世界钱币博物馆、杭州土火斋古陶瓷博物馆、万事利丝绸文化博物馆、杭州西湖宋代玉器博物馆、夏衍旧居、朱炳仁铜雕艺术博物馆。

此联盟秉持共商、共享、共赢的理念，努力实现资源共享、信息共享和成果共享。联盟将协同联动、展览共通、项目共研、教育共推、平台共用，切实发挥

博物馆群在研究并展示宋韵文化、打造“宋韵文化传承展示中心”中的独特作用，传承历史文脉，保护文化遗产，协力打响宋韵文化金名片。

上城社区教育可尝试将联盟成员单位——15 家博物馆丰富宝贵的教育资源，无缝嫁接到“1+14+199”（1 个社区学院、14 个街道社区学院分院、199 所社区市民学校）社区教育三级网络体系，为完善上城区终身教育体系注入新活力，使其成为社区教育助力社会治理的新推手。

1. 可行性研究

首先，两者职能有相同之处。社区教育和博物馆都具有社会教育职能，这是双方合作的关键与基础。共同的社会教育职能与社会教育内容、形式的挖掘是促进两者合作的天然条件。

其次，两者战略相投。两者在社区教育受众的价值链协同，团队运作间的工作机制协同，以及面向未来可持续发展的期待协同方面战略相投，这几方面的协同将为两者的高度整合指引方向。

最后，两者资源互通。上城社教全国领先、全省领跑，建有一支专业的专兼职教师队伍，另有覆盖整个辖区的终身学习在线教育网“e 学网”、移动学习平台“微学通”、终身学习地图等各种社教资源，可以开展丰富多彩的终身教育活动。而博物馆联盟的 15 家博物馆，拥有大量的文化资源、专业的工作人员，时常举办各种类型体验活动。联盟中的诸多博物馆本就与上城社教有着长期合作关系，共同开展活动是常态化的，如杭州海塘遗址博物馆就是浙江省市民终身学习体验基地、长三角市民终身学习体验基地。如果更多的博物馆能以联盟的形式整体上与上城社教开展合作，就能进一步汇聚、共享资源，未来将能促成更多项专业水平高、受益面广的社区教育项目。

2. 形成路径研究

上城社教与博物馆合作的可能是互补，核心是资源，因此需要在掌握双方资源的基础上探索互补的形式与方法。

第一，思想升级。

一方面，促使博物馆对社区教育的职能有清晰的认知，明确资源共建共享的重要性，激发合作意向。另一方面，双方应建立良好的沟通机制，充分表达自己的意愿，坦诚各自优劣势，对未来作出大致的规划，为后续合作作好铺垫。至于沟通形式、沟通频率等，可根据实际情况进行调整。

第二，尝试合作。

在合作初期，可以先共同举办活动，在过程中熟悉对方的工作方式、工作风格等，为进一步深度合作积累有价值的经验。

需要注意的是，由于双方运营机制等不同，合作初期可能会产生一些矛盾。碰到这种情况，一定要及时沟通，积极调整合作状态，万不可轻言放弃。取长补短、相得益彰、兼容并蓄应成为整个合作过程中双方共同遵循的原则和共同的期待。

相对于资源共建来说，共享的合作方式可能会成为最先探索的目标。将现有资源汇聚并有所侧重地分享给大众，是水到渠成的事，双方都不会有太大的合作压力。在双方取长补短后，社会效益不断扩大，合作也会有走向更深层次的可能。

第三，关系确立。

经过初步合作，双方对对方的基本情况会有一个整体了解。对上城社教来说，在建立更稳固的关系之前，应对合作伙伴作更深入的了解，比如对方的人员配备、资源储量、活动运作、团队建设、经费管理等情况。

进行评估之后，可探讨形成一套动态的合作机制。之所以要“动态”，是因为社区教育面向广大居民，需要与时俱进。因此双方的合作也需要保持变通，这样才能更好地开展符合当下时势的活动。此后，双方可以签订合作协议。协议可由成员单位协商制定，也可以由上城社教与联盟统一商定签订。

协议期限应本着双方可持续发展的原则而制定，避免出现“一时之约”的短期效应，造成资源浪费。大多数时候，双方可以商议制定长期的合作规划。长期的合作规划是促使双方合作效率提升、合作质量提高的必要条件，需要共同确定。其中职责明确、团队运维、方案实施等是双方沟通的主要内容，这将影响到后期具体工作安排和有关问题解决。

第四，深度融合。

合作正式开始之后，双方按照协议规定，进行分阶段、分类别、分项目、分人群的深度融合。双方要围绕现阶段已有的资源，将其分类，由双方工作人员联合进行活动策划，合理制订整学期或整年的活动安排表，为上城广大居民提供文博活动。

第五，解决学分。

博物馆是公共文化资源，但在现实中，这些资源往往受到时空因素的限制，而难以全面覆盖学习人群。为推动馆藏文物“活起来”，博物馆可与上城社教携手迈向“数字信息化”，让这些资源跨越时空的距离，与大家“见面”。居民足不出户，就可以通过在线超高清交互方式，获得“比线下去博物馆看得更清晰”的视觉体验，实现线上线下的完美结合。

博物馆可以依托上城社教的技术优势，通过创建“微学通”子站点，提供更优质高效的公众服务、更身临其境的观展效果、更丰富多样的学习体验，“智慧博物馆”将从概念转化为现实。通俗而言，就是通过“微学通”平台上的音频讲解、实境模拟、立体展现等多种形式，让居民身临其境般地观赏珍贵的馆藏文物，更便捷地获取信息、了解知识，随时随地都能感受丰厚历史文化带来的震撼。而这一学习，有学习记录，可以获得学习积分。

与此同时，也可以在博物馆展厅入口张贴通过“微学通”生成的学习项目二维码，居民及游客在体验到云端参观乐趣的同时，还可以进一步近距离观赏馆藏文物，并扫码获得线下学习积分。

基于“微学通”的赋分准则，用户的学习积分可以折算成学分。而根据与博物馆合作的相关规定，有些学习积分还可以到博物馆进行小礼品兑换。

四、探索3：发展社校联合的社区教育“随时认”

现实中，已经有高校开始思考学分互认机制。

事实上，放开部分课程，尤其是通识类选修课，可以让知识的影响力最大化，让更多学生受益，同时在全社会形成好学风气。而且如果选课是基于教师的能力、教室的承载量，公开面向不同高校学子，那么更多高校放开选课，严格预约流程，就能做到有序管理，更能扩大学校影响力，达成各方多赢。请看案例8-2-2。

案例8-2-2 北京大学、清华大学互相开放本科课程

北京大学与清华大学互相开放本科课程，不同于一般的旁听或者选修，它的核心在于互认学分。且这不是针对旁听生的开放，而是两校之间正规的、经过挑选和审核的选修课。这种“本科课程互认”的基础，其实是学生的学习能力。它是有勇气的一步，也表明中国的大学能够更开放一点。至少在技术层面，现在的选课系统、食堂系统都可以作出优化，可以为社会提供更多的服务。大学的“围墙”并不是现实空间的阻挡，而是一种思维的局限和束缚。

（2021年2月24日环球网《高校间的学分互认可以再开放些》）

不仅高校之间，高校跟社区教育之间的学分互认也不乏可操作性。

首先，必须承认，社区教育与高校间的学分互认是一项复杂的系统化工程。这不是上城社教单独能够完成的工作，这是杭州、浙江乃至全国社区教育工作者都应该为之奋斗的目标。

目前而言，建立社区教育的学分互认，难度大、复杂程度高都是显而易见

的。高校学生或社会学习者学习了社区教育的课程，根据学习情况可以获得对应的积分，在没有统一数据编码、课程规范标准、学分转换共同协议的情况下，把社区教育的学习积分认可为教育制度下的课程学分，将会带来一系列教学与教务管理上的困难，而且社区教育获得的学分难以得到高校的认可。

由于种种问题的存在，加之缺乏具体的政策支持，社区教育与高校间的学分互认还处在摸索阶段，能否实现初步计划——与杭州市乃至整个浙江省内高校间的学分互认，还需要长期努力。

但从长远发展来看，社区教育与高校间的学分互认还是具有可操作性与现实意义的。正因如此，要让社区教育的课程得到不同高校的认可，社教人需要建立一套多方参与的、具备可行性的学分互认框架。

不同高校的课程在课程时间、内容深度、课程考评等方面均有不同，这会导致具有同等学习成果的课程在学分认定上出现差异化的情况。高校教务部门依据《教育部关于推进高等教育学分认定和转换工作的意见》，需自主制定课程学分互认细则，规范认定流程，规定校外课程认定的种类及校外课程学分所占最高比例。除此之外，还需及时汇总并公布校外课程列表，实行动态化管理，实时更新课程清单，为学习者学习校外课程、获得相应学分提供便利。同时需要与高校互相联结成学分互认联盟，实施统一的学分与学时兑换机制。我国传统教育通用的课时学分规定参照国际上的惯例，上城社教可以此为基础，设定 1 个学分为学习者参加课程的平均学习时间，即 18 个课时。

实现社区教育与高校间的学分互认，一是要确保被认定课程的教学质量达到高校规定的课程质量标准；二是要有一套检测系统，确保学分的质量与学分转换的公正公平，而这套检测系统一旦完成，就可以由杭州向浙江以及全国各地的高校和社区教育推进。

教育行政部门需要建立一套质量监测体系，对课程及课程的基本模块、内容和教学设置等作出明确规定，对课程质量作出严格要求；对学习者出示的课程证明要进行身份识别，严禁造假。学分转换要做到公平公正，严格按规定流程操作，通过线上或线下信息公示等手段确保结果的公平公正。

在具体实施上，还需要做好支撑工作。例如政府层面加强制度保障工作，建立健全整个后台服务体系，提供一定的经费支持；社区教育层面强化教务管理、提升教学质量，与高校合作制定统一的学分标准和通用转换规则；高校层面在学分制管理制度上融入社区教育课程等相关内容……

支撑工作的重要一环是借助技术力量建立学分转换数据接口，确保社区教育与高校间的学分互认顺畅实施。

学分互认规则一旦实施，将会允许学习者跨地域、跨校、跨专业选择学习课程，由此就需要打通记录社区教育学分的平台与高校教务系统，使学员信息、选课信息、课程开设情况、课程成绩等以“三角形”形式互通。

据悉，目前在教育部备案的平台里，有很大一部分就缺乏这类信息，因此难以与高校教务系统实现实时数据对接。例如上城社教如果要完成与高校的学分互认，必须先完善上城区终身学习成果认定中心的相关基础数据。从长远来看，当社区教育跟高校之间的学分互认问题解决之后，不仅可以解决在校大学生居家居社学习的问题，两者之间的合作也可以更加紧密。

在疫情防控常态化的情况下，全国人大代表、辽宁大学副校长杨松建议：教育部门要鼓励国内高校出台政策，在疫情防控等特殊情况或时段接受优质生源回国借读或正式入学；建立国内外高校间的学分互认机制，为学生在国内外高校间转学提供便利。

越来越多的国内高校将有望承认国外高校的学分，并接受留学生入读国内学校而不耽误学习进程。这也就意味着留学生在未来可能有很多机会在国内就读，获得可互认的学分。也许到了那一天，社区教育实施学分对接的不仅仅是国内高校，还将包括国外高校。

当学分互认走上良性发展轨道，当越来越多的优质课程来到寻常百姓身边，学习型社会还会远吗？

信息化时代，学习形式进一步丰富多彩，学分互认能够有效引导学习者自主学习、开阔视野，更好地满足他们个性化学习的需要。不仅如此，学分互认还能够倒逼学习机构整合教育资源、改革办学模式，有助于进一步推进优质教学资源共享，意义深远。

学分互认，让上城社区教育人走在探索之路上。

参考文献

［1］马敬峰. 论成人高等教育学分互认机制的构建［J］. 河北大学成人教育学院学报,2006(01):22-23.

［2］王江美子. 学分银行机制下构建校际学分互认［J］. 中国科教创新导刊,2013(20):102-103.

［3］厉毅. 基于学分银行的慕课学分互认探索［J］. 成人教育,2020,40(09):87-93.

［4］施苏苏."耦合共同体"共建共享社区教育资源的个案分析——基于"常州开放大学+常州博物馆"合作实践［J］. 高等继续教育学报,2022,35(02):64-69.

后　记

⊙

冬日的寒意犹在，春天却已不远。当春回大地之时，我们的《九养上城：全域共建共享的生长型社区教育》一书也将如温暖艳阳，如期与读者见面。

本书是杭州市上城区教育局项海刚局长主编的“上城教育高质量发展系列丛书”之一，以社区教育为主题，聚焦杭州上城区区域教育，从“九养课程”的理念生发，包罗了上城区近年来在社区教育、终身学习领域所作的尝试与取得的成效，见证了上城社区教育蓬勃发展的实景。

作为全国第一个推出终身教育券、第一个举办全民终身教育节的城区，上城社区教育特色鲜明、成果斐然，如春天漫山遍野的繁花，风姿万千、欣欣向荣。本书只是采撷了其中具有代表性的几朵，难免会有管中窥豹的遗憾。且本书的编写者，均为一线的社区教育教师，长于实践，在理论概述等方面可能会有不足……诸多疏漏，恳请读者批评指正。

本书由上城区社区学院前院长陈继明负责统筹指导，项洁月、戚亦平负责牵头实施并审定书稿的整体框架，路清华、潘国伟负责协调编写过程中的有关事务。各章节作者分别如下：第一章，王林春、李萍；第二章，王丽；第三章，倪艾彤、俞晓芳、陈如平、吴国伟；第四章，陈海芬、邹丽丽、徐跃峰、陈剑虹；第五章，李费菲、项洁月、孙丰艳；第六章，虞勇、戚亦平、李费菲；第七章，周剑、吴国伟；第八章，虞勇、葛迪青。李为民、戚亦平、陈剑虹、吴国伟、李费菲负责各章统稿，戚亦平负责全书的统稿。金大鹏为本书的科研助理。

在本书梳理、总结、提炼、编写的过程中，获得了上城区社区教育委员会的全力支持；汇聚了诸多来自上城区部委办局、街道社区、企事业单位、社区教育参与者等的实践与经验；得到了众多领导与专家的关心、支持与指导，杭州师范大学原校长林正范教授更是多次指导，对书籍的编写和出版寄予厚望。书中所参阅文献的几十位国内外专家学者，为本书撰写提供了重要的思想启迪和坚实的思想支撑……在此，谨一并表示诚挚的谢意！

从“九养”理念入手探寻上城社区教育的历史基底与制度革新；从“服务全域、传承文脉、资源融合、数字创新”四个角度凸显上城终身教育探索与实践；在时代助推下进一步探寻面向未来的终身教育生态……本书凝聚着所有上城社区教育人的心血与智慧。可以说，这是一本上城终身学习的工具书和导航地图，很容易和每一位学习者产生同频共振。

民呼所学，我应所教，上城社区教育面向全年龄段居民，紧跟时代发展，精准对接民需。以人为本，智慧社教，上城社区教育以大开放理念引领自身发展，同时推进全社会共同参与，促进全体居民共享、共学、共成长。

雄关漫道真如铁，而今迈步从头越。未来任重而道远，上城社区教育人将秉持初心，高歌前行，不畏挑战，再创辉煌。

美好待续，未来可期，让我们共同努力！

编者

2023 年 1 月于杭州上城